U0797188

BLACK SWAN 黑天鹅图书

为 人 生 提 供 领 跑 世 界 的 力 量

BLACK SWAN

SOLVING THE PROCRASTINATION PUZZLE

战胜拖延症

[加] 蒂莫西 · A. 皮切尔 著
金波 译

文化发展出版社
Cultural Development Press

图书在版编目（CIP）数据

战胜拖延症 / (加) 蒂莫西 · A.皮切尔著 ; 金波译.
—北京 : 文化发展出版社有限公司, 2018.1
ISBN 978-7-5142-2069-8

Ⅰ. ①战… Ⅱ. ①蒂… ②金… Ⅲ. ①时间—管理—通俗读物 Ⅳ. ①C935-49

中国版本图书馆CIP数据核字（2018）第000226号

战胜拖延症

著　　者：[加] 蒂莫西 · A. 皮切尔
译　　者：金波

责任编辑：肖润征
出版发行：文化发展出版社（北京市翠微路2号　邮编：100036）
网　　址：www.wenhuafazhan.com
经　　销：各地新华书店
印　　刷：河北鹏润印刷有限公司

开　　本：880mm × 1230mm　1/32
字　　数：140千字
印　　张：7.25
印　　次：2018年4月第1版　2018年6月第2次印刷
I S B N：978-7-5142-2069-8
定　　价：45.00元

学术休假是学术生活中精彩的一部分。由于这个每七年一次的传统，学者们会获得足够的时间进行阅读、做调查研究并撰写文章，而不被教学和行政事务所打扰。我很感激学术赐予我的这个礼物。我谨将所写文字献给那些在我的大学和教师协会中维护这一重要传统的人们。

推荐序

在人工智能时代的大门前，给你一把钥匙

一

假如真有投胎这回事，那么对于一个爱拖延的灵魂来说，投胎到中国，既是一种幸运，也是一种不幸。

幸运的是，在这个国家，有一个叫作“拖延症”的网络热词，使这种不是病的病，得到了空前的关注和全民的讨论，效果各异的应对办法也随之而来。只要你足够耐心，总有一种办法适合你。

不幸的是，伴随着在大众当中的传播，“拖延症”这个标签，不可避免地走向了娱乐化。当大家彼此寒暄，或者在对话中为了拉近距离，而一脸谦虚地说“我也是个拖延症”时，认真对待它的态度，就在无形中被消解了。

长远后果则是，这个词变得模糊含混，而真正受困于拖延

问题的人，要克服重重干扰，历经一大堆科学性堪忧的资料，才能找到有效靠谱、适合自己的办法。甚至，在找到之前就已经放弃。

《战胜拖延症》在同主题的书中，是个异类。最让人耳目一新的，是它既保证了严谨的科学性，又介绍了同类书中少有提及的重要研究进展。自从2008年加入“拖延症”一词的发源地（豆瓣网“我们都是拖延症”小组），2010年开办读书会带领伙伴投身“战拖”事业以来，我一直在关注这方面的好书，也跟伙伴们一起，翻译过不止一本这类的书。一个切身的感受是：“拖延”这个垂直领域，发展太落后了！

学术界当中许多认真、有深度、有价值的研究，不但没有得到应有的传播、重视和应用，相反，淹没在了一堆搞笑的拖延症段子，或是廉价的成功学鸡汤里。这跟拖延在当今的发作普遍程度和受关注程度，都严重不匹配。

实际上，目标心理学当中简单易行、实验结果很好的“执行意图”技术，人格心理学当中信度和效度良好、跟“妖艳贱货”们风格迥异的“清流”——大五人格，都是值得在拖延领域、在整个自我管理领域中深入发掘和应用的好东西。

遗憾的是，在这方面，如果不是深入关注本领域多年的人，并不能具备一双识珠的慧眼。而眼前这本薄薄的小书，意外地在“执行意图”和大五人格方面，作了认真仔细的介绍，花费了足够的笔墨：果真是行家一出手，就知有没有。作者在这方面从事的一线研究，看来不是唬人的。

以上是从回溯历史的角度，对这本书的评价。而从展望未来的角度，这本书更有另外一重不为人所知的含义。我们团队在拖延领域耕耘多年，逐渐深入地了解了关于拖延的真相和意义，最终发现，“战拖”很可能是一把钥匙，一把解开新时代难题的钥匙。而这个难题，可以表述为：

“在人工智能时代，就业问题上人人自危，人类应该怎样自我定位，又该怎样进行自我管理呢？”

二

为什么说这个问题跟拖延有关？因为在人工智能时代，让你不必担心被机器取代、拥有职业安全感的重要办法，不再是单纯的执行力，而是创造力。在执行力方面，你可能永远比不过每秒计算亿万次、丝毫不会被情绪干扰的机器算法；而在创造力方面，你作为人类，还能拥有一席之地。

从进化科学当中的“权衡（trade-off）”理论来看，创造力和执行力这两种优势，往往难以兼得。创造力强的人，未必有足够的执行力，或者足够的自律性。甚至从某种意义上说，拖延、低执行力、低自律性，可能是创造的副产物，因为创造本身，就意味着打破常规，拥抱不确定性，本身就难以按部就班，完全遵照计划进行。

拖延是创造者的常见软肋，而创造者是人工智能时代的中流砥柱。这就意味着，对拖延的研究，归根结底是为了解答这个新的时代问题：

“我们该怎样自我定位，怎样与自己相处，怎样自我管理？”

按我目前视力所及，自我管理领域有以下几个问题悬而未决，令真正关心它的人如鲠在喉。

1．可复制性难题

许多方法都有适用人群，一部分人能用，一部分人不能用，这是为什么，又该怎么办？例如，有些重度拖延的人，会发现别人使用起来效果良好的时间管理/自我管理方法，自己就是用不了，为什么，该怎么办？

这就必然要考虑人跟人的不同，也就是人格差异。

怎样衡量人格差异？你可能听过形形色色的人格理论，但其中真正有科学性的并不多。“大五人格”是个例外，它是心理学各界已经公认具备科学性的人格理论。在《战胜拖延症》一书当中，你会知道，哪两个性格维度，已经发现跟拖延密切相关——实际上在我看来，也是跟整体自我管理能力密切相关。

自我管理未来必然要走向第一个趋势：个性化。行业必然要依据人格特质的测量结果，提供有针对性、差异化的解决方案。我们团队在这方面迈出了一小步，取得了一些进展，而这些成绩离不开《战胜拖延症》的启发。

2．情绪干扰难题

你从道理上知道要先做重要的事，后做不重要的事。甚至你还知道，宁可先做重要不紧急的事，也不要先做紧急而不重要的事，因为紧急不重要的事最好是委派给别人做——是的，你可是学过时间管理，知道四象限原则的人啊。

然而，拖延发作的时候，你一脸惊恐地发现，你居然正在用一些既不重要也不紧急的事，来逃避正事！

为什么？只因为这些事情，可以帮你转移注意力，暂时缓解负面情绪。

那么，对那些更容易受到负面情绪影响的人（大五人格中“神经质”得分较高的人）来说，他们能否改变自己，降低对负面情绪的敏感度？怎样才能改变？假如不能改变，或者改变太慢，或者改变的性价比太低，那么又是否存在一些自我管理的战略战术，能适应这种“极端恶劣条件下的战斗”？

这就是我眼中自我管理未来的第二个趋势：非理性。不再把人假设成充分理性的动物，而是承认人非常容易受情绪影响。情绪影响未必全是坏事，有些情况下恰恰可以产生机器无法替代的作用，特别是在文艺创作，或者人际沟通、需要感同身受的领域。

未来的自我管理，需要重新把人当人看。

这同样是从人格差异出发而迈出的一步。所以同样要感谢《战胜拖延症》这本书。

3．内外驱动难题

为什么有的人不需要奖励或惩罚，就可以自发地、充满热情地做事？为什么有的事情即使没有回报，你也乐此不疲？为什么另一些事情，就算你从理性上觉得很重要，也打不起精神来？内驱动和外驱动背后的原因是什么？从外驱动切换到内驱动，或者为了保护好已经存在的内驱动，需要注意哪三个指标？又需要主动屏蔽掉什么指标？

这是动机心理学领域的新兴元理论——自我决定理论（SDT）的伟大研究。这个理论的创始人发表于2000年的综述文章，目前被引用次数已经超过两万次，而且还在逐年增加。许多心理学家认为，这个理论早就应该替代马斯洛的需求层次理论。

深入研究这个理论以后，你就会发现：很多流行的自我管理方法，虽然短期有效，却会破坏内驱动，产生长期的副作用。借助于外界压力的方法，往往更是如此。这类方法之所以广泛流传，正是因为短期效果掩盖了长期的副作用。因为长期的东西，不那么容易衡量。

这是未来自我管理的第三个趋势：内驱动自我管理。在

《战胜拖延症》这本书中，也许是限于篇幅，对内外驱动没有做太多介绍。但目前来看，至少没有跟这个理论相冲突。说实话，这已经很不容易了。毕竟，流行方法当中，错的多，对的少。不做老生常谈之事，已经不俗。

4．自律有限问题

自律能力、毅力、意志力、自控力、执行控制、自我调节、自我导向……这几个词，有些比较生活化，有些则是专业术语，不过都是近义词。它们面临的一个争议是：这种能力是有限的吗？用了以后就会减少吗？围绕这点，研究者们展开实验，声势浩大的争论已经不止一两场了，目前也没有定论。

不过，在自我决定理论看来，大体上可以二分：外驱动的自控方式是非常“消耗能量”的，而内驱动也同样能实现自控，对“能量”的消耗却要低得多。回想一下你不同种类的工作任务，最让你心累的，是有兴趣的事，还是没兴趣的事？恐怕是后者——

“心好累，感觉不会再爱了……”

如果你仍然没有心领神会的话，那就想想开车的时候：堵车在路上的感觉就是外驱动，路况畅通、没有红绿灯的时候就是内驱动。

所以自我管理的第四个趋势，就是“低能耗自我管理”。能内驱动的尽量内驱动，当然是一个办法。可是仍然还会有一些外驱动的事情，来消耗你有限的自律能力。那怎么办呢？

我们提倡的理念，是“精准自律”——自律这件事，最好是少而精。那怎么操作呢？有一系列的分析工具，能帮你分析任务流程，找出其中的关键节点。然后，你就可以针对这些节点，建立自律预案：可以是事先把手机设为“勿扰”，可以是碰到困难立刻联系那个最懂行的人，也可以是想好一个变通方案，如下雨天不方便室外跑步，就在家练健身操……

这就是瞄准关键节点，精准自律。它之所以简单有效，就是因为局部自律，比全程自律要容易得多。在这条思路上，《战胜拖延症》里介绍的“执行意图”，恰恰就是一个围绕关键节点，进行预先“编程”的好工具。

具体怎么操作呢？借这篇推荐序，顺便分享一个简单有效的流程，叫作WOOP：

Wish（愿望）：先定一个你认为切实可行的愿望。注意，一定要定那种能力范围内的目标。

Outcome（最佳结果）：闭上眼睛畅想一下愿望实现后的美好画面：它带来的最佳结果是什么？越生动形象越好，可以天马行空。

Obstacle（关键障碍）：畅想完毕后，立刻去想，你在实现愿望的过程中可能碰到哪些障碍，其中由于你自身原因而造成的最关键障碍又是哪个？你还可以思考这个最关键障碍的原因又是什么，深入探查。

Plan（计划）：想一下，最关键障碍一般是在何时何地发生？这就是关键节点。然后围绕这些关键节点，想出一些解决办法来，并使用“执行意图”的办法，写成“一旦……就……”的格式：

一旦我开始自习准备考试，我就把手机设为勿扰模式并倒扣；

一旦我写方案卡壳了，我就发红包给上次开会认识的行家，让他帮我；

一旦跑步前发现天气糟糕，我就在家里跟着视频练习健身操。

在具体而微的关键节点上，你做出了简单有效的“精准自律”，于是达成率就大大增加了。按照实验结果，使用“执行意图”等办法，在人群统计中，常常能让简单任务的达成率翻倍。

三

以上分享了我判断的自我管理未来四条趋势：

个性化、非理性、内驱动、低能耗。

你可以看到，其中有三个趋势，其起源都在本书当中得到了重点介绍，也给了我们重要的启发。所以你就会理解，为什么我对这本薄薄的小书有如此高的评价，为什么过去三年以来，我曾经多次把这本书推荐给来咨询或上课的学员。

最后，如果你是刚刚接触拖延这个领域，一本足够薄的书，可能更适合你——免得你拖着看不完。这本书只是一个开始，但我相信，它对你来说会是一个很好的开始。建立适合你人格特质的自我管理之塔，你需要先打地基，才能应对拖延之类的地震问题。如果你希望地基坚实、科学、经得起考验，那么这本书就是你入门的不二选择。

站在人工智能时代的重重大门前，你心怀踌躇，良久伫立。站在人工智能时代的重重大门前，你这位自我管理者，拿到了第一把钥匙。

欢迎来到新世界。

拖延症咨询师，战拖成长学院创始人

高地清风

扫一扫，
关注战拖成长学院

目　录
Contents

介绍

如果你在阅读本书，很可能是因为你已经为拖延症所困扰了。

甚至你阅读本书可能就是一种拖延行为，是为了避免做其他事情。我所要做的，就是让你现在没花在其他事情上的时间变得有意义。

这就是我写这本书的目的。从现在起的一小时后，做好准备迎接不一样的自己吧，你也将在追求目标的过程中表现得更加出色！

你做好开始的准备了吗？这就是其中一个最基本的策略：即刻开始。在本书中，我解释了这一策略卓有成效的原因，而且也对这个简单而实用的策略的研究证据做了总结。

关于本书

这是一本简短的书——实用而不拖泥带水。虽然很简短，但是它所呈现的每一个理念、主题和问题都经过了谨慎而细致的调查研究。

我从事拖延症研究和写作已经将近二十年了。你们可以在procrastination.ca这个网站上了解到我的研究。这个网站也可访问到我的研究团队和学术著作，同时还有播客iProcrastinate以及在“今日心理学”上发布的名为“不要拖延”的博客。我的视频和博客的下载量已经达到数百万次。虽然这些资源都是学术研究方面的，但是对于那些平日不大读心理学方面书籍的人来说也比较通俗易懂。这本书也是如此。

我的博客和视频，与这本书的最大不同就在于内容的组织。博客和视频涉及很多重要的话题，但是你要想完全了解就不得不花上数天时间去读或者听。此书的价值就在于它是我研究的一个摘要。最重要的是，这本书是对摆脱生活中拖延症的关键策略的一个简明总结。

为什么这本书很简短？

很多时候，我们拿起一本书读了第一章或者第二章，就再也不去碰它了（虽然我们很想读完）。对于拖延症人群来说，这是一个很大的风险。事实上，拖延恰好处于想法与行动之间。我不想让你们这样，所以我写了这本简短的书。在几个小时内读完这本书也是有可能的（实际上，读得快的人可能只需要一个小时，就能了解这本书的主要观点和关键策略）。

我写这本简短的书，最重要的原因是我深信“少即是多”的道理。关于这个话题我完全可以写上好几百页，就像我在博客和研究中那样，而我的研究生也经常就这个话题写出很长的论文。但是，谈到如何改变的学习策略，就必须囊括一些关键的思想。这些想法会积极影响你的人生，而你当下的阅读也会积极影响你的人生——只要你愿意。

“只要你愿意”，搞清楚这个问题很重要。没有对目标的坚持，任何方法都不会奏效。如果你决心要改变，那我就能肯定你从本书中学到的内容将对你的改变起到巨大作用。我已经收到了来自世界各地不同行业的人（比如律师、学生、家庭主妇、咨询顾问、医学研究员，甚至其他学者）发来的邮件，他们也证实了这些策略让他们的生活发生了奇妙的变化。

本书结构

我用相似的方法组织每一个章节，这样阅读起来会更加快捷，因为你能轻松地知道每一章节要讲的内容。

第一，每个章节都用一个关键句开头，这个句子可能就是你做出改变的准则。准则是常被人重复提及的表述或者观点。它很多时候与冥思有关联，是你思想的核心所在。在你努力改变的时候，我觉得每一章的第一句话都是值得你关注的重点。

当你读到一个章节并发现它真正地在“诉诸”你自己的拖延症状时，铭记开头的那个改变准则，将它贴在你家冰箱上或者拿来做电脑屏保。总之，让它真正成为你自己的东西，并且要反复回顾。

第二，我每次都会提供一个简短的故事来做例子。这些故事强调的都是拖延症带来的常见问题。它们都来源于现实，都是我的调查参与者们和我分享的真事，有的是在我的博客和视频里的回复，也有的是我在特邀讲座、研讨会甚至是社交聚会中碰到的人和我分享的（这些人告诉我，他们是我这个研究最合适不过的研究对象）。我希望这些小故事能帮你将问题立足于生活经验之中。

第三，我总结了故事中阐述的关键问题。这方面我利用了调查，但不会像我在写学术论文或者写博客、录视频时那样引用日期、姓名或者其他细节。为了让观点清晰，我都是用简单的术语来撰写话题。当真正需要介绍一个研究中的术语，也就是心理学的“行话”的时候，我会用通俗易懂的话解释它的含义。

第四，基于调查研究，我提供了一些能帮助你在生活中创造变化的策略。这些策略让章节开头的准则更加充实，因为它们串联起了我们对这个话题的研究结果以及我们用来减轻拖延症的方法。这些策略很实用，你能真正用它们来摆脱自己在生活中的拖延症困扰。

我也在适当的时候，为你提供了一个地方来复述与你自身生活相关的核心观点。在这个地方，你可以根据自身生活场景自行创造理念，同时做一些初期的个人工作和目标设定。

第五，你几乎在每一章节都能看到至少一幅漫画。这些漫画是由保罗·曼森（一位艺术家、富有创造力的全才）和我一起创作的。

在这幅漫画中，我们要表达的是“及时行乐”的观点。这个拉丁短语“carpe diem”（字面含义是“抓住这一天”），

数百年来都被用来表达与其本身词义反差鲜明的意思。比如，它被人们用来赞美拖延症，并为其辩护，强调要享受当下——“尽情吃喝享乐，因为明天你可能就死了”——而且，它也被用作一种训诫，通过比如“晒草要趁太阳好”这类表达来责备我们自己集中精力于紧迫的任务。

我们的漫画一方面让我们尽情嘲笑自己的拖延倾向，另一方面却又让我们失落于自己无法抓住时机实现目标的悲哀。无论是笑还是哭，我们都希望你能喜欢我们描绘的场景。虽然这些漫画的场景都是大学生活，但我相信你会发现这些主题对于其他生活领域同样适用。

介绍得差不多了，让我们现在开始吧。

究竟何为拖延症？

PART 1

什么是拖延症？为什么它值得关注

『所有拖延症都是延迟，但延迟并不一定是拖延症。』

玛丽安是一位职场女性，同时也是三个孩子的母亲。她每天总有很多做不完的事情。又一次地，她没把洗好的衣物收好，也没将办公室的文件整理好。她很痛苦，认为自己是拖延症患者。然而，她一直感到很困惑：一天之中有那么多无法掌控的事情发生，究竟要怎样做才能将其全部做完？她虽然计划周全，但小孩生病、托儿所突发情况以及自己或老公出差等事情，似乎总是迫使她改变计划，延迟一些事情。

问题

玛丽安生活中的这些例子，其实不应该被视为拖延症。不得已时，我们只能延迟。延迟是做事情时分轻重缓急的一部分。孩子生病这件事，当然比我们那天原本计划的其他事重要得多，因而其他事情就不得不被延迟，为预约医生、家庭治疗等一切当务之急腾出时间。这里的关键问题是，这不是一种最严格意义上的自愿的延迟。

拖延症是一种明知道会影响自己做事的效果或者自身做事的态度，却仍然自愿推迟既定事项的行为。拖延症是一种不必要的自愿推迟。在玛丽安的例子中，推迟收好衣服和文件归档并不是自愿的。她并非为了逃避整理衣物和文档，而去做其他没必要做的事情。她其实是在优化自己的时间，以完成她生活中一个重要的目标：尽力做一个好母亲。

我们生活中有各种各样的延迟。我认为我们需要学会鉴别。有一些延迟不仅是必要的，而且也是明智的，就像玛丽安为了孩子的健康而延迟其他事情一样。我们在做项目时也可能决定先推迟一下行动，因为一开始我们可能需要更多的信息。很多时候，适当地推迟一些事情，比冲动或者草率地做事要明智许多。

延迟是生活中必不可少的一部分。在任何既定的时间里，我们都有一些事情要做，那么我们该选择先做什么事呢？这个选择部分基于我们之前的想法、我们一天的计划，但事实上我们的选择也会依据当下的情况。眼下正发生的事对我们的选择有影响吗？现在最重要的事情是什么？考虑到我们的目标、责任、角色和需求，究竟有何作为才是明智之举？

拖延症，不同于其他形式的延迟，是一种即使我们当下能进行却自愿而且相当有意地拒绝做既定事情的行为。除了我们自己不情愿，没有别的事情会阻挠我们适时而为。

这就是拖延症让人困惑的地方。为什么我们不情愿做事？为什么我们成了自己最大的敌人？

我们毫无必要地削弱了自己对目标的追求。这是为什么呢？我们如何才能摆脱拖延症的困扰呢？

要理解拖延症的问题——在生活中自愿、不必要而且削弱目标追求的延迟——我们需要理解为何明明在最符合我们利益的时候，我们却不情愿采取行动。同时，我们需要掌握克服这种不情愿行为的策略。

自觉运用策略来克服我们的不愿采取行动是很有必要的，因为拖延对许多人来说是一种习惯。也就是说，拖延是一种对任务或情境的习惯性反应，像所有的习惯一样，它是一种内在的、无意识的过程，是一种我们没有真正思考过却实践的行为。事实上，德保罗大学（芝加哥）的约瑟夫·法拉利从事的跨文化研究已经表明，多达20%的人都有拖延的习惯，这个习惯是长期的，而且会影响我们生活的方方面面。

习惯不容易改变。有意识去改变，并有具体的策略，我们才能真正改变。在本书中，我始终强调，要想行事不同，我们就需要做出预先决策，而不是依靠习惯性的反应。我主要根据皮特·戈尔科威茨（纽约大学）的研究，强调了运用预先决策的不同方法，通过预先决策我们能在打算行动的时候就行动，减少因潜在的注意力分散而带来的影响，也能让我们在改变自己行为的过程中更有效地应对挫折与失望。

在接下来的章节中，我首先解释我们不愿根据自己的意图采取行动的原因，接着提供一些改变的策略来帮助大家建立更有效的自律模式，打破习惯性的反应方式。这个介绍性章节的目的是强调不是所有的延迟都是拖延，关注那些危害自身的、不必要的延迟尤为重要。

改变的策略

目前来说，我给出的改变的首要策略是：你要开始在心里做好分类，究竟生活中哪些延迟属于拖延，因为这些延迟才是你想避免的。了解其中的差异，才是好的开始。

就在你区分哪些延迟是真正出于自愿，并会损害你的工作表现和生活安乐的时候，一种模式或许就出现了。这些任务、计划或者既定行动似乎有些共同之处，比如你会发现它们会引起共同的心理感受。

在下面的表格中（或者在单独的一张纸上，或者在你的电脑上，或者索性将它当作“思考实验”），列出一些你可能会拖延的任务、计划、活动或“事物”等。在每一项旁边，记下当你想到每件拖延之事时随之而来的情绪和想法。不要过度去想，只要将你看到所列项时的第一感觉或情绪记录下来就可以，比如这种想法可以是：你不确定该如何完成任务。

当你完成记录后，寻找一下在这些相关情绪和想法中的共有模式。在阅读后面的章节时，你将会回头来参考这些模式。

任务、计划、目标、活动	对任务或目标的情绪、想法

PART 2

拖延症真是一个问题吗？拖延的代价究竟是什么

『拖延是对生活本身的无所适从。』

几年前的一个夏天，我参加了一个会议，其主题为“生得健康，死得安乐：积极心理、疗法和精神关怀的新前沿”。在讨论如何应对死亡和劝慰追悼者的过程中，与会的一位心理学家指出人们在表达对失去所爱之人的悲痛时有两种悔恨：过失懊悔和疏失懊悔。我对其中的第二种懊悔颇有兴趣，即懊悔我们在所爱之人在世时疏忽了很多应该做的事。其实，很多时候疏失懊悔都是由拖延导致的。

我问这位心理学家：“这些疏失懊悔的本质是什么呢？”并补充问道，“是不是：

“（1）人们确实打算做却从未实践过的事（比如，拖延症）？

“（2）他们本能做成的事的广泛可能性？

“（3）他们觉得本该做的或做起来不错的事的文化脚本？

“（4）关于所爱之人本可能希望他们做的事的内在期望？”

这位心理学家回应说，这四种类型都是他在实践过程中所见证的懊悔。

所以，我进一步地问他，这其中的哪一种懊悔看起来最有问题？正如我预料的那样，如果说拖延症会带来内疚的话，那么就这些追悼者来说，对于切实想做却未能做的事情的悔恨是问题最大的。与拖延相关的疏失懊悔是悲痛过程中最麻烦的。

问题

每个人都会拖延。我相信这一点，调查研究也以许多不同的方式证明了这一点。事实上，我认为说自己从未拖延过的人，可能也会说自己从未撒过谎或者从未粗鲁地待人过。我猜这是可能的，但不大现实。我们当然不喜欢承认自己做过不好的事情。

所以，如果人人都拖延，那它为什么还是一个问题呢？

研究结果很清楚：在拖延程度的自我测定中得分高的人

也自我报告说总体上其成就相应偏低，他们有更多的消极情绪，甚至在报告中能看出有更多的健康问题。对此我一一地来简单解释一下。

成就不高这一点很好解释。虽然我们都能记住自己拖延过的并做得出色的事情（我们珍惜这些记忆，以此来让自己感觉良好，也为更多的拖延辩解），但总的来说，拖延会导致你没有足够的时间完成周密的工作，通常也就意味着工作总体完成得更糟糕。一项由皮尔斯·斯蒂尔（卡尔加里大学）开展的拖延症调查的元分析显示，拖延绝对无益，甚至经常会对我们的工作表现产生危害。

拖延与更多的消极情绪（或心情）有关，这一事实很让人困惑。如果我们在拖延，你可能会觉得我们实际应该觉得心情更好，因为我们不是在做不想做的事情，而是在做自己爱做的事情。至少你是这样觉得的。

然而，我们的研究发现，即使我们在拖延，我是指在我们实际上不做工作的时候，当调查者询问我们的感觉时，我们的回答并不一定是觉得更开心了。我们感受到的是一种混杂情感，其中甚至有内疚感。所以，总的来说，拖延并不会让我们感觉多么好，从长远来看尤为如此。

最后，由法希亚·西罗伊斯（加拿大魁北克省舍布鲁克市主教大学）开展的新研究证实，拖延症事实上会危害我们的健康。这一研究十分有趣。拖延症似乎以两种方式影响着我们的健康。第一，由拖延引起的压力在很多方面都对我们的健康不利（比如，焦虑会影响我们的免疫系统）。

第二，慢性拖延者会不必要地延误一些健康行为，比如锻炼、健康饮食和充足睡眠。这会对我们的健康产生负面影响，长期更甚。当然，今天不锻炼或者不吃蔬菜并不会在今天就给我们造成损害，但是你知道情况往往是这样的：明天同样如此，我们为又一天的延误寻找着合理的借口，等我们真正意识到忽视了（拖延了）健康行为时，早已不知是猴年马月。结果往往是灾难性的，心脏疾病、糖尿病和其他衰竭性疾病的患病风险不断攀升，但是如果每天注重这些简单却易忽视的健康行为，这些疾病是可以避免的。

每天延迟一些看似微小、积久下来却重要的事情，也会在其他地方影响我们。一个很好的例子就是退休储蓄，把今天的储蓄推到另一天很简单，但长期来看，这种拖延却让我们付出了代价。

关于拖延症的这些结论都是真实的——拖延对我们几乎无益（但我们肯定会想起有益的时候），而且对我们的工作表现、心理健康甚至身体健康都是有害的。虽然这些结果都属负面，但这可能并不是拖延的结果中最让我们担心的。

拖延是对生活本身无所适从的问题。当拖延目标时，我们是自己最大的敌人。我们有自己的目标、自己的任务，而我们却在不必要地拖延。我们的目标是我们生活中重要的一部分。事实上，哲学家和心理学家都提出过，幸福来自我们对目标的追求。我们也许并没有特别地做成一件事，但是我们至少投入于我们觉得对生活富有意义的追求之中了。

我们在推迟自己的目标时，就相当于在拖延自己的生命。我们当然浪费了本可以用来追求目标的时间，而我们的生命中最最有限的资源莫过于时间了。既然我们一生的时间很有限，为什么要浪费呢？为什么要浪费时间回避那些我们想做或必须做的事情呢？

让我们回到这一章开头的那个故事上。我听了心理学家们陈述自己的研究论文、治疗师谈论悲痛过程，每一场分会讨论结束时，我都更确信拖延症是人类生存痼疾的一种症状，消除这一症状至关重要。这种痼疾只能通过我们不断致力于创作自己的生活故事来加以消除。

要创造生活，我们就必须做生活的积极能动者，而不是消极参与者，为我们的不作为寻找借口。当在生活中学会停止不必要的自愿延迟时，我们就会活得更加充实。

是时候做个承诺让自己的生活充实起来了，完成你的目标，享受人生旅程。时间如此珍贵，浪费实在可惜。

改变的策略

成功改变的一个最重要的前提条件是要坚定信心，立志改变。你必须珍视这种改变。因此，我希望你能牢记拖延的代价，以便增强你的目标投入度。

现在花点儿时间想一想你在第一章末想到的那些任务。请注意，这些任务（目标、计划）是你在拖延的事情。你可以把这些任务（或目标）重新抄写到下面提供的表格中的第一列里。读完这一章，对拖延症有了更深刻理解后，你也可以添加一些新的内容。我很清楚每个读者的情况不同，而且你可能不想写下来。如果你不想写，那就继续把它作为“思考实验”，仔细思考一下之后的事情。

在每一项任务或者目标旁，记下拖延是如何从各个方面影响你的，如幸福感、紧张感、健康、经济、关系等。你甚至可以和一个了解你的密友或者重要的人讨论一下。实际上，你可能会惊讶于他们对你生活中拖延的代价的描述。就像吸烟一样，拖延症也会有二手效应，只是你并没有意识到，比如背弃诺言、没有尽到责任，或者在你又一次忙着所谓的“最后关头的”努力的时候，给别人增加负担，让他们替你“收拾残局”。

总之，意识到并承认自我约束的失败——也就是我们所说的拖延——所带来的代价，是很重要的，因为这有助于你坚定意志、誓要改变。

我希望你在这个列表上能看到你为自己的拖延付出了多少。你完成今天阅读的奖赏，就是学会如何消除这些生活中不必要的代价。

增强目标意图

知道“不作为要付出什么代价”是一回事，“对目标本身有很强的投入度”又是另一回事了。有很强的目标意图，并且能专心投入其中是至关重要的。俗话说得好：“世上无难事，只怕有心人。”

要增强目标意图，很重要的一点是认识到马上行动的益处，而不仅仅是不必要的延迟付出的代价。花点儿时间想一想你的目标是如何与你的价值、更大更长远的生活目标，或者做完必要工作的短期利益结合在一起的，这是增强目标意图中的重要一步。表格的最后一列给你的这个思考提供了空间，记下做完这个目标或任务的重要性，同时也写下立刻行动比以后再做的好处。

最后，“了解”一件事和“实现”一件事是不同的，“实现”意味着真正在生活中去实践，将理想化为现实。比如说，我们知道经常锻炼、吃低脂食物、少吃精制糖等健康习惯对我们是有好处的，但是我们往往知道却做不到，直到恶果在我们的生活中化为现实。一个很常见的例子就是被诊断出患有严重的疾病，如心血管疾病后，人们才开始加强健康行为的目标意图。正是由于这一诊断结果，这个行为目标和健康结果的关联才真正“真实”地存在于生活中，而不只是人人皆知的常识。

问题在于，有些人此时行动可能已经太晚了，而等待这方面的顿悟也不是最有效的策略。因此，经常检验我们的意图，将其作为减少拖延症的出发点就显得尤为重要，只要能增强目标意图，我们就大有可能及时付诸行动。

任务、计划、目标、活动	拖延的代价	及时行动的好处

PART 3

对于拖延症我们最应该了解的是什么

『我不要屈从于感觉良好。现在感觉好，代价可不小。』

马丁说他会在今天早上来忙那份报告。这是他昨天说的话，那时候他觉得能将那讨厌的报告推到明天做，感觉很棒！而现在，他面对任务，觉得糟透了，他又紧张又沮丧。他真的不愿意做那份报告。带着那么多的消极情绪，他决定还是做点儿其他不大重要的事。而当他将报告又拖到第二天的时候，他的心情也振奋了起来。

问题

罗伊·鲍曼斯特和黛安娜·泰斯（佛罗里达州立大学）的

研究清楚地表明，拖延症是一种自我约束失败的形式。我们没有成功地约束自己的行为去实现自己的目标。我们有行动的意图，但在有意为之的时候，没有必要的自控力去指导行动。这种延迟的自愿本质，就是我在第一章里强调的拖延症的特性。我们自愿推迟行动，因为我们不能够或不愿意约束自己的行为去立刻行动。

自我约束问题的形式有很多，比如好赌、暴饮暴食、挥霍消费、酗酒等。可想而知，拖延症也是其中的一种问题，一个与自我约束相关的问题。

自我约束为什么会失败？虽然其中成因很多，但最需要了解的是我们“屈从于感觉良好”。也就是说，想要当下感觉良好，有时候我们甚至会牺牲长远目标，也要千方百计地让自己得到短期情感修复。

我们在屈从于感觉良好的时候，就会屈从于我们的冲动情绪。这些冲动形式是多样的。我们也许会豪赌、狂购或者暴饮暴食、吃些改变心情的药物或者拖延，反正费尽心思地避免着消极情绪。当然，我关心的是我们是怎么用拖延——没有必要的任务延迟——屈从于感觉良好的。

当我们面对一个打算做却不想做的任务时，一系列可能的消极情绪便随之而来。我们可能会感到懊丧、生气、无聊、愤懑、伤感、焦虑、内疚等。这些情绪可能就是在第一章末的表格里你罗列的一些情绪。通常，我们把这称为任务厌恶。令人厌恶的任务是我们想要推迟的。这些任务让我们感觉很糟糕，我们不乐意去做。

谁会真的想做令人厌恶的任务呢？没有人。但是，这任务很可能是我们达到既定目标的必要途径。我们可能不想做，但是我们必须去做。

关键问题是对慢性拖延者来说，他们会优先选择短期的情感修复。他们想要消除当下的消极情绪，所以就屈从于感觉良好。他们屈从于一时的冲动，把任务延迟到别的时间。不用面对任务，让他们感觉好多了。

如果你发现自己是慢性拖延者，你很有可能就在推迟着任务，躲避着消极情绪。当然，这种推迟的回报只是暂时的。在你将任务推到明天的那一刻，你感觉自己从消极情绪中解脱了出来，然而，如果你学过基础的心理学课程，就会知道有回报的行为会被重复。也就是说，我们在不断地强化拖延。慢慢地，拖延就变成了问题。

改变的策略

要解决拖延症，关键是要解决短期情绪修复优于长期目标追求的问题。我们要知道，自我约束失败的核心就是因为屈从于感觉良好。因此，制定改变策略也相当重要。

关于“屈从于感觉良好”，我打算从我能想到的最基础的，也可能是最难接受的策略谈起，那就是面对任务。在我们本能地很想说“我过会儿再做”“我更想明天再做”时，我们需要停一停，清醒地认识到我们这么说是为了逃避当下面临的消极情绪。

在这方面，知晓就是力量。首先，我们要清楚这个任务让我们感觉厌恶，而我们想做的就是逃避这些情绪。当然，这需要一些情商。情商和你的识字量或者做算术的能力无关。情商是一种有效识别和运用情绪来指导行为的能力。最近的研究表明，情商越低的人拖延症越严重，但好消息是我们能够提高自己的情商。我们可以学会更有效地观察、理解、控制自己的情绪。这对于更有效的自我控制是相当重要的。

不管是哪种情况，根据我对拖延症的了解，大多数爱拖延的人从情绪上都很清楚一些任务让自己感到厌恶，以至于自己会用拖延来逃离这些情绪。我们需要进一步关注并增强

调节情绪的能力，至少不要寻求阻力最小的方式，即不屈从于感觉良好。

我们真正要做的是在一个任务中接受那些消极情绪，并且找到一个方法来解决这些情绪，让自己继续追求既定目标。而问题是，该怎么做呢？

在我写这本书的时候，一个名叫艾薇的播客听众给我写信说，她制定了一些和我的拖延症博客相关的她自己的准则。下面就是她的准则：

不要屈从于感觉良好，勇于接受应该做的事。

正如你所料，我喜欢这类的准则或口号。它能帮助我们集中精力，改变拖延的习惯。艾薇的准则完全能替代我在这一章开头提出的那一条。

这一严厉的策略作为第一步是行之有效的。不管如何，我们必须“默默忍耐”。的确，手头的任务让人厌恶，我们恨不得逃避，去屈从于感觉良好。但是，在拖延的刹那，你要做的第一步是保持原样。如果你避开，是为了让自己好受些，那一切就完了。

当然，保持原样、解决这些最初的消极情绪并不是全部方法，但确实是必要的第一步。

要成功克服这种情绪，关键是要有所准备。我之后会解释为何我劝你在某一方面要做好准备。而现在我只想让你把以下内容作为摆脱拖延症策略的第一步。

> **思考：** 一旦我对手边的任务感觉情绪消极，我就保持原样，不停止工作，不推迟任务，也不逃避。

这个“一旦……就”形式的意图被皮特·戈尔科威茨（纽约大学）称为执行意图。关于这个执行意图，我会在之后的一个章节里谈到。此刻，关键在于你需要将这个执行意图内在化，将其作为解决拖延症相关消极情绪的第一步。

虽然我认为大多数人都得承认自己要经历起始阶段的消极情绪，但是我们并不是只能通过强硬的手段或者“默默忍耐”取得成功。我们还能采取一种更温和的方法。

这本质上归结于我们选择去关注何种情绪问题。比如，虽然这一刻最主要的情绪是害怕——我们可能处于害怕之中——但关键是我们不一定要感到害怕。或者我们可以承认自己害怕，但选择用自我的其他部分继续追求我们的目标。我最喜欢的教育作家帕克·帕尔默将这称为利用我们的“内在景观”工作。我们的内在景观，也就是自我的心理，不仅包括我们经历的恐惧，也包括我们的好奇心、对成功的渴望和另一个强大的情感——我们的兴趣。

如果我们选择承认自己的恐惧，尽管害怕，却发现我们的内在景观中有另一种“存在的勇气”让我们继续下去，我们保持原样、继续工作的成功可能性更大。我们不会屈从于感觉良好，我们已经朝战胜拖延症迈出了第一步。

当然，对于找理由不这样坚持，我们也相当在行。面对消极情绪，我们甚至会为自己的逃避而辩解。我们不会承认自己害怕或懊丧。我们可能只是认为，“明天我会更有心思做”，但我们明天并不会这样。我想我们都深知如此。这就是拖延症本质上让人困惑的一点。我们已经成了自己最大的敌人，甚至知道如何欺骗自己。

我们在情绪上一边屈从于感觉良好，一边给这个决定辩解：“我明天更有心思去做这个。”不，我们不会的！在下一章，我会把原因解释给你听。

PART 4

为什么明天我们还是没心思去做

『明天我还是不会有心思去做的。』

“今日心理学”博客的一位读者曾给我发过一个故事，我想和大家分享一下，作为本章的开篇。这个故事清楚地阐述了“明天再做”的问题。这位读者透露，“明天更有心思做”这个问题，让他想起了在波兰祖父母生活的村庄里一家肉铺窗口看到的标志。

这个标志的意思就是：“今天你付了钱，明天就能免费取。”

当顾客第二天去取免费商品时，屠夫就会说：“看清楚标志：今天你付钱，明天才免费。”正如这个标志的内容，拖延症也是如此的情况，这个“我真的有心思做了”的“明天”永远都是下一天，永远不会变成“今天”。

问题

上面这个故事阐明了拖延症的基本问题：我明天再做。实际上，拖延症这个词在拉丁词根里的意思是“放到明天”。然而，正如屠夫对其标志的解释一样，这个明天永远都不会到来。

就像那个标志暗示顾客明天能得到免费商品一样，我们的思维方式也会和我们玩把戏。我们会想：“明天就更有心思做了。”为了避免和屠夫的顾客一样被耍，我们就需要理解为什么这是错的。明天我们并不会更有心思去做。

很多研究，特别是丹吉尔·伯特（哈佛大学）和蒂姆·威尔森（弗吉尼亚大学）的研究表明，我们并不是很好的预言者。当然，我并不是指天气预报员。气象学家预测天气（至少短期内）比我们预测自己将来的情绪要准确得多。这种预言我们未来情绪的说法被称为情感预测。

情感预测背后的主要观点是，当我们预测与未来积极或消极的场景相关的情绪（情感）时，会带有一种偏见。比如说，彩票中奖之后的几年里，中奖者和获奖之前的快乐程度几乎一致，尽管普遍的情感预测是他们赢得彩票后肯定会更开心。同样，经历严重车祸的人在事故后的几年，虽然受到了比如瘫痪这种长期性的影响，几乎也和重大人生转折发生之前的快乐程度相当，尽管普遍的情感预测是他们会不那么快乐。

有两个概念可以用来解释这些特别的发现：聚焦和当下主义。

聚焦是一种低估其他事情对未来想法和感受的影响程度的倾向；当下主义，顾名思义，是说我们在预测将来的时候过于看重当前。这两种观念合在一起，就意味着我们关注当前的情形以及当下的心情，而忽视了在未来的状况下会发生的事和我们可能的感受（或者在过去相似场景中的感受）。

下面就是一些日常生活中的例子。如果刚吃完饭就去商店购物，我们一般就会低估未来一周我们会吃多少而少买了东西；瘾君子在刚吸完毒品时会低估自己之后渴望毒品的程度。我们总会不理性地将现在的感觉当成之后的感觉。然而，最让人惊讶的是对于一些简单的事，比如在当下和未来的饥饿状态上，这个道理同样也成立。

这和拖延症有何联系呢？

我们需要思考人对情感预测的偏见对于我们理解拖延症来说意味着什么。在这一点上，观点也很鲜明。在为未来行动做打算的时候，我们会关注当下的情感状态，并且错误地认为我们在将意图化为行动的那一刻，情感状态会和现在一样。

有趣的是，当我们打算实施一个未来行为时，我们的情感状态一般都异常乐观。这是为什么呢？有两个原因。

第一，因为我们把行动推迟到了将来，我们获得了之前讨论过的“屈从于感觉良好”的回报，我们当下感觉良好是因为计划的是将来的行为。至少我们会为不用受苦于马上行动而感到一点儿释然。

第二，我们往往沉醉于自认为会让自己开心的将来的行为。这种想象本身自然是令人愉悦的。健康行为就是很好的例子。如果我们打算明天跑步，我们会因自己做出这样一个与健康相关的具有前瞻性的计划而感到愉悦。这对我们有益！我们当下的情感状态是乐观的，因此我们会错误地预测在明天既定的跑步时间里，我们的情感状态和当前是一样的。

没什么比现在做正当打算，计划之后再行动更让我们感觉良好的了，“我明天再跑步”“我明天再做作业”“我过会

儿再写报告”……快乐一时，过后总会让人付出代价（某些情况下也不一定）。除非我们能更好地掌控“心理上的时光旅行”，做计划的时候能够更清楚我们将来行动的时候是何种感觉，不然可想而知，我们会继续不理性地拖延。

改变的策略

要提高将意图付诸行动的可能性，我们需要双管齐下。一个策略是“时光旅行”，另一个策略是“预判错误，解决问题”。

策略1：时光旅行

许多研究情绪预测的心理学家提出，我们需要更多、更准确地利用未来的心理图像。我们需要想象未来并将它描绘得就如同发生在当下一般。比如，一个拖延退休金储蓄者可以生动地想象出自己靠退休金生活的场景。要想让这个未来图景更加具体和准确，重要的是罗列出预算的数目，并考虑现实情况所需的老年医保及其递增的开销。这种“时光旅行”能帮助我们更准确地预估未来，并促使我们在当下采取更多适宜的行动。

很可惜，我并不能保证这个方法对每个人都适用。首先，我们可能把计划任务本身都推迟了——一种二阶拖延形式。其次，即使我们做任务，我们起初的情绪反应（比如恐惧）可能很快就会消散，而更重要的是，由于退休离我们还远，结果其重要性大打折扣，拖延存款就会随之出现。

策略2：预判错误，解决问题

第二种策略更加有效，但你可能会觉得它“讲求实际”。这里，我们不是试着通过改善情感预测去改变深植于人类思维中的偏见，而是学着预判错误，并以此为起点。我们每天都在天气预报中做这些事，近来在那些过于不准确的经济预测中，我们也学会这样来预判错误。倘若我们有能力应对不准确的气象预报和经济预测，我有信心我们也能有效应对糟糕的情绪预测问题。这一策略务必需要以下两种形式或方法。

方法1

当被“我们明天会更有心思做的”的想法诱导，想拖延一个眼下的意图（或者任务）时，我们需要停下来思考一下：“不，我的预测有问题，明天我还是很有可能会没心思做。”而且加上下面这句话是很重要的：

为了行动，我当下的动力状态不需要和意图相匹配。

目标追求的一个常见误解是相信我们一定要有心思去做才行。我们并无心思去做，而且，生活中的许多任务，我们几乎从不会真正想做。真实情况就是，我们的动力状态并不需要与意图相匹配。即使我们不想做，我们还是能做成事。父母要花很长时间跟孩子解释这个问题。

再举一个例子。虽然我们可能更期待在晴天时出去跑步或者骑车，但我们完全可以穿上雨具出门。事实上，成功的运动员天天都这样做。他们并不是“好天气”的训练者。天气并不一定要与活动相符。我们也能做出调整，继续按既定意图付诸行动。

同样，在承认我们的动力状态不是确保行动的必要或充分条件的同时，我们需要提醒自己个人目标是什么（一种自我肯定的形式），并“即刻开始行动”。进步会提升幸福感，提高目标完成度（第六章会涉及更多相关内容）。

方法2

我们为明天的行动设定计划，等明天到来的时候，请做好心理准备：你可能不会那么热情地马上行动了。假设我们的计划是昨天定的（或者更早），那时我们有个计划，心里很高兴，但任务真正来临时，我们可能没有期待的那么开心（这同样是我们的情感预测偏见的一部分）。

现在，你要记住这是一种暂时的情绪，并且想一想方法1中提到的所有问题，尤其要记住你的动力状态不需要迎合你的任务，你可以即刻开始行动。

我想，这是一种对自我“严厉的爱”。当然，很多人在成长过程中都听到过这个说法，它往往被叫作“成熟”和“成年的责任”，这些也经常是关于严厉的爱的表达。它是我们生活中的成年人所给的建议，他们努力在意志力方面培养我们的刚毅与现实观。

总之，解决关于“明天我更有心思做”这种想法的偏见，我倡导的策略是要先弄清楚这是生而为人的一个普遍问题。我们并不擅长预测将来的情绪。我们现在过分乐观，随着明天的到来，这份乐观也会崩塌瓦解。当情绪不佳时，我们又像我上一章开头说的那样，屈从于感觉良好，拖延也就顺理成章了。

问题很明显，解决方法也很明显：放弃那种做事的动力状态必须与手头的任务相符的误解。事实上，社会心理学家已经证实态度跟随行为变化比行为跟随态度变化的情况更多（或至少是一样多）。当你按照既定意图开始行动时，你会发现你的态度和动力都会发生变化。

说到这里有点儿超出了本章内容。就目前来说，让我们只关注这一章的准则：“明天我还是不会有心思做的。”

PART 5

借口和自我欺骗：我们的思维是如何招来拖延之患的

『我需要提防自己的掩饰行为。』

艾伦会向每个愿意聆听的人哀诉自己的拖延症，但似乎没有多大作用。他的朋友把他看成借口大王，虽然他并不承认自己有这方面的潜在“才能”。当事情要有个说法，甚至对自己要有个交代时，他确实就像个“不粘锅似的家伙”，没什么东西粘得住他。他总会有再等一天的理由，总会有不做任务的借口。

“离截止日期还有好几周。”

“我几小时内就能搞定这工作。”

“我在压力下工作更出色。”

当然，另一天总归是另一天，很快数周数月就过去了，他却毫无进展。为什么艾伦就看不出来自己是在掩饰没必要的延迟，让它合理化呢？

问题

我们除了要理解自己易“屈从于感觉良好”（见第三章）和“明天并没有更多心思做事”（见第四章）的基本冲动外，还需要审视自己思维中的一些偏见。有很多重要的问题需要思考，其中包括人们倾向于：

（1）在短期回报面前低估将来的回报；

（2）低估做事所需的时间，并高估我们的能力；

（3）比起今天更倾向于明天；

（4）为保自尊进行自我设限；

（5）不够理性地考虑手头任务以及自己完成任务的能力；

（6）通过改变想法，使之与行为一致来制造快乐。

这里的每一个话题很多书都有涉及，但是为了真正“消化”此书对这些话题的本质探讨（以及给你提供的所需承诺），我在下面对我们思维中的每一个问题都做了总结。当然，改变的策略也随之附上。

在短期回报面前低估未来的回报

未来回报，尤其是在很长远的未来的那种，似乎就显得很小。这就像我们看照片中远处的山，以为它很小一样。涉及时间时，我们似乎丧失了对大小的洞察，这就是低估未来回报的概念，也叫作时间贴现。

问题就在于比起即时回报，未来的回报看起来似乎没什么吸引力。我想这也不奇怪，因为从进化发展角度来说，一鸟在手总比两鸟在林要好。我们的大脑也似乎由程序设置成更倾向于短期回报的形式。石器时代的大脑已经无法适应现代世界了，因为当今社会要求我们今天做事，以赶上将来的截止日期。

计划的谬论

过分乐观也是人的天性之一。我们以为自己能在比所需时间更短的时间内做完更多的事，也以为任务能比平常花更少时间完成。这就是问题的核心所在：我们没有基于以往经历来思考事情通常需要多长时间完成。我们关注眼前的单一事件，而没有考虑到经验及相似事件提供的分散信息，这种乐观的偏见就会导致糟糕的计划。

自我设限保护自己

自我设限就是给自己找借口。比如，你穿了一双加重鞋，跟朋友比谁跑得快，你跑步的能力或水平肯定不成问题，如果你比赛输了，那就是鞋子太重这个“限制”的错。但如果你赢了，那就无比光荣。这是个人自我精神的胜利。当然，自尊永远不会受到威胁。

拖延中也会有这样的情况。我们把工作任务延迟到最后关头的时候，可能我们又创造了新的自我设限。就像赛跑一样，最后时刻完成的任务，如果不出色，就可以借口说工作时间太短了。当然，如果任务做得出色，对于个人来说就极其不错。

这就暗示着其实这种不必要的任务延迟，即我们定义的拖延症，事实上可能满足了一种需求，它能够保护自尊。约瑟夫·法拉利（德保罗大学）的实验性调查证据显示，那些慢性拖延者如果有机会，更不愿意反馈自己的情况。当然，这种延

误究竟算不算拖延也值得商榷，因为它也可能被视为一种策略性的延迟。但是，我在这里之所以提及是要大家明白，我们延误任务的理由也许一开始并不明显。

比起今天更倾向于明天

有一个我们都能理解的关系的例子：如果甲比乙好，丙比甲好，那么丙也比乙好。这被称为传递性关系。

那下面这个例子呢？试想这周五是任务截止日期，现在是周一早晨，比起周一似乎周二来做更好些，也就是说比起周一我们更倾向于周二做；周二到了，比起周二我们又更偏向于周三做；周三到了，犹是如此，我们更偏向于周四做，目前一切尚好，这些也都是传递性关系。然后到了周四，我们想：完了，要是周一开始做就好了。这种现象被称为非传递性偏好。来自犹他大学的哲学家克里斯索拉·安德鲁认为，当涉及拖延症时，这是我们思维中一个很常见的问题。

基于我们的推理，许多健康行为和退休储蓄计划肯定就存在这个问题。到紧要关头时，明天就不是优先日期，实际上更早的日期会更好(虽然现在采取行动为时已晚)。

关于这种关系，我们很多人都有过亲身经历。我们研究小组的研究也证实了这一点。我们得到了倾向的逆转，它也造就了这种不可递延性的偏好模式。而这种模式的问题就在于从长期来看，它的不可递延性本质上是对我们不利的，明天并不像我们想象的那么好。

不理性的想法

我们常常会把不可能的事情想成可能的，并且不曾用实践检验这些想法是否合理，继而事情就真做不成了。比如，我们可能会认为自己不会出错，或者演讲过后能回答任何提问，我们可能会相信自己要做到完美，还可能会认为全部的自我价值都依赖于职场成功。所有这些例子都是不理性的想法，却都很常见。像这些不理性的想法都很有问题。它们会让我们陷于消极情绪之中，同时也给我们提供了不尝试的借口。比如，当我们害怕不能完美地完成任务而我们的自我价值又依赖于完美表现时，我们就可能为了保全自尊而不去做，拖延也随之而来。

制造自己的快乐和解决内心的冲突

当我们的行为和想法或者两种想法相互冲突时，它们并不协调。心理学家将此称为认知失调。失调让人不舒服，因而我们会尽力缓和这种消极状态。

我们打算行动或者已经有行动意图去达到目标，我们却没有做（明知道可能会带来负面情绪，还自愿且不理性地拖延行动）的时候，我们就体验到失调。这种失调正是拖延的代价之一。

下面是一些研究者总结的人们对失调的典型反应（以及如何减少失调的方法）。

1.分散注意力——我们将自己的注意力从失调认知转移开来，避免由失调导致的消极情感状态。

2.遗忘——有两种形式，被动和主动。被动式似乎总和无关紧要的想法有关，而我们也许不得不主动压抑导致失调的重要认知。

3.琐碎化——转变观念，以减少产生想法或观点失调的重要性。

4.自我肯定——尽管有失调，但关注那些有助于培养自我意识和正直感的核心价值和其他品质。

5.拒绝责任——不愿承认自己是失调的主导因素。

6.增加相辅认知——经常是通过寻找新的信息来支持

我们的立场（比如“这并不是拖延症；在这个项目实施之前我需要更多的信息”）。

7.进行下行假设——“这本可能更糟”，这样我们会一无所获，只是在短期之内感觉更好些。

8.改变行为——使之与我们的观点和价值相匹配。这意味着我们应该行动而不是拖延，虽然改变某人的行为需要付出努力，并且往往不是减少失调最便捷的方式。

我们很擅长运用这些策略来保持每天的活力。我们会制造自己的快乐，这是我们应对机制的一部分。

尽管如此，不是所有的应对机制都是适合的。研究一致证明，分散注意力、遗忘、琐碎化、否定责任都是以情绪为主的策略，与长期的策略，如计划型问题解决策略相比，并不那么有效。我们必须顾及我们的情绪，但我们的应对之法不能仅止于此。否则，这就是另一个“屈从于感觉良好”的例子。如果这是我们主要的短期策略，时间一长，我们必会付出代价。

兴奋型拖延者的谬误

我们经常听到这个说法：“我在压力下工作更为出色。”这种思维多少会折射出一种刺激寻求者的存在——他们是靠压力成长的人。但事实上，我们的研究显示这是一种谬见，至少对于大多数人来说是如此。追求刺激与拖延并无关联，时间压力往往会导致更多的错误。

虽然很多人用“压力下工作更出色”这个借口来解释不必要的任务延迟，但这很显然属于上面的归类，是我们对因无法按计划行动感受到的失调感进行合理化的又一例子。

或许，一个更准确的方式是改述一下我们经常听到的这句表达：我们在压力下会工作得更好。为什么呢？很有可能是因为在第四章中提到的那种错误观念，即认为我们的动力状态必须与手头的任务相符。当我们对一个任务没有工作积极性时，我们就会推迟直到最后外部时间的压力迫使我们行动（通常时间太紧，以至于结果往往更不理想）。

改变的策略

我已经简单地总结了一些让我们陷入麻烦的思维偏见。一方面，我们倾向于对未来过分乐观，低估了长远目标的重要性；另一方面，当最后要开始行动时，相比今天我们更倾向于明天做，同时找借口不工作来让自己感觉良好。考虑到这些心理过程，要做出改变不是易事，但也不是不可能的。

知晓就是力量。要认清有这些偏见都是人的本性，更重要的是，能够认清我们倾向于做什么事，就能走向改变。比如，如果我们经常会说“哈，这没那么重要”（目标的琐碎化）或者“时间还多着呢，我明天再做好了”（计划谬误和非传递性偏好），那么我们可以把这些作为改变的“旗帜”或信号。

这里的“旗帜”或者信号是指我们一旦说了类似“时间还多着呢，我过后再做”的话之后，这就需要触发或刺激产生一个新的反应。还记得之前关于执行意图那个例子吗？如果我们说“哈，这没那么重要”，那么我们就要停下来，提醒自己这是一种自我欺骗，是我们思想中的偏见，并且我们应该马上开始执行任务。

执行意图在这种情况下（甚至在我们的思想中）提供了一种暗示，帮助我们打破了一个习惯。这种想法刺激了一个不同的反应。我们打破了自己惯有的反应方式，甚至开始革除这种有害的拖延习惯。

在本章中，你现在能做的是在下面的横线上（或者单独在一张纸上，或者在你的电脑上），罗列一下你为自己的拖延症辩解时通常会说的话或做的事。你可能过几天或者几周后需要修改这个列表，关键是要学会认清你是如何为生活中的自愿而不必要的延误找理由进行合理化的。清单中的每一项都能成为你的“旗帜”，为新的反应发出信号。

我解释不必要的延误通常的理由是：

____

____

____

____

____

____

____

如果这些是你为不必要的任务延迟辩解经常给出的合理化解释或借口，你新的反应是什么？

在下一章中，你会看到我认为重要的一步就是“马上开始”。所以，我的标准执行意图就是，如果我对自己说“噢，我明天更有心思做”，我会识破自己的欺骗谎言，然后说“那我马上就开始执行任务”。

这确实有效，你会感到惊讶的。在下一章中，我将解释原因。

PART 6

开始行动的力量

『即刻开始行动。』

关于这一话题我并不需要到处找故事，因为我自己每天的生活就为此提供了很多例子。当面对一个自己反感的任务，或者仅是自己不想做的任务、感到无趣而沉闷的任务，甚至怀疑自己能否胜任的任务时，我想弃之不做的诱惑就很大。我想拖延。我发现自己会对自己说类似“我更想过会儿再做”的话。这对我来说就是一个“旗帜”，我已学会用这个信号来判断我即将开始拖延。就在这一刻，我用这个信号来“即刻开始行动”。我会立刻开始做任何与手头任务相关的事，让我们一起探索一下这么做的重要性。

问题

我们一旦开始做一项任务时，事情很少会像我们想的那么糟。我们的研究发现，开始做事会改变我们对任务的看法，也能在一些重要方面改变我们对自己的看法。

我和我的学生在一系列的研究中使用传呼机来收集经历采样数据。我们会在隔一两周的某天内随机传呼调查参与者。每次传呼他们，我们都会问“你在做什么”“有没有别的事情是你现在应该做的”“你现在感觉如何”“你在想什么”等问题。另外，我们请参与者依据他们正在做的事和他们应该做的事来评价任务的压力感，其中10等级代表压力巨大，0等级代表一点儿都没压力（所有中间分数反映可变性）。

这类数据让我们能大致清楚参与者随着时间变化在做什么事。重要的是，我们也能适时了解他们在想什么，感觉如何。其中有些发现属预料之中，而有些发现却让我们惊讶不已。我将调查简化成一个周一至周五的过程，只重点关注对任务的回避情况，从而总结出如下的结论。

正如预料的那样，当参与者在周一逃避一些任务（比如做作业）而选择做其他活动（比如和朋友出去玩）时，我们发现他们通常都会说类似“我更想明天去做”或者“今天不做，有压力的时候我工作更出色”的话。根据上一章的内容可以得知，我们会对自己的行为（没做）和我们对自己的期望（“我应该现在就做”）之间的失调做出合理化掩饰。当然，周末晚些时候，没有任何一位参与者脱口而出“我今天有心思做（逃避的任务）了”或者“很高兴我到了今晚才做，因为这样我才做得更出色”。

意料之外的是，我们发现参与者对任务的看法有所改变。周一时，可怕而被回避的任务被认为是让人感到焦虑、颇有困难、令人不悦的。周四（或者周五一大早）时，一旦他们真正去做回避了一周的任务时，他们的看法就改变了。任务压力感、困难度和不悦感的评价都明显下降。

我们从中能得出什么结论？一旦我们开始一项任务，事情很少像我们想的那么糟。事实上，当我们在最后关头传呼在加班加点的参与者时，许多参与者都表示他们希望自己能早些开始行动——任务实际上挺有趣的，他们觉得如果时间再多点儿的话，他们能做得更好。

即刻开始行动。这就是结论。一旦开始，我们对任务的看法就会随之改变。根据其他研究，我们知道我们对自己的看法也会发生改变。首先，一旦我们开始行动，就像上面总结的，我们会发现任务没有比我们回避它的时候可怕。其次，即使我们没有完成任务，我们也做了些事，第二天我们对自己的看法不会那么消极。我们会感觉更能掌控，更加乐观，甚至可以说我们有了些动力。

除此之外，肯·谢尔顿（密苏里大学哥伦比亚分校）的研究也证明我们在目标上的进展会起到重要的作用。目标上的进展会让我们感觉更快乐，对生活更加满意。有趣的是，积极情绪可以潜在激发目标导向的行为和意志过程（比如，坚持做任务的自我约束），这些都是进一步的目标发展或收获的前提条件。我们能清楚地看到如果我们“采取措施”，在目标追求中取得一些进步，那么所致的主观幸福感的增加将会促进我们更进一步的行动和进步。

当然，这个简单的建议并不是解决拖延症问题的全部方案，但是它的确是解决和减少拖延症的关键的第一步。下一章里，我会进一步深入。

改变的策略

当你发现你思考事情是这样的：

“我明天更有心思做这个。”

“我在压力下工作更出色。”

“还剩下很多时间。”

“我今晚几小时就能做完了。”

……

不管你把这当成“旗帜”或者信号还是刺激，总之要意识到你将不必要地拖延任务了，同时也让这刺激你即刻开始行动。这是另一个“一旦……就”类型的执行意图的例子。

执行意图这个概念我已经提了数次，但我还没有提供一些关于它的具体细节。根据由皮特·戈尔科威茨（纽约大学）创立的发展完备的行为心理学定义，执行意图通过提前陈列我们将何时、何地、如何达成目标（或者至少是一个大目标或任务下的子目标），以此来支撑一个目标意图。

与制订一个目标意图下“要做之事”的清单相比，当下决定我们如何、何时何地完成每一项需要完成的任务要更有效。皮特·戈尔科威茨和他同事的大量研究展示了执行意图下开始行动的效力。这些行为包括坚持吃维生素、术后参加规律的体能锻炼或者做一些环保行为的意图，比如购买有机食物。总之，执行意图是将目标意图化为行动的有力工具。

我在前面几章已经讲过这些执行意图是以“一旦……就”的表述形式呈现的。这个“一旦”部分就呈现出了刺激行动的因子，“就”这个部分描述了行动本身。这就相当于一个预先决策，我们试着不通过有意识的决定，就将我们开始行动的控制力转移到了一个特定情况下。

> 一旦我对自己说类似“我更想待会儿再做”或“我现在没有心思做”的话，我就立刻开始做部分任务。

你可能注意到我们没有用耐克公司著名的口号“只管去做”，而是“即刻开始行动”。因为如果我们开始行动，就无须担心“做”的这部分。如果我们想着“只管去做”，那么我们有风险被繁重任务压倒；但是，如果我们已走出第一步，就会简单得多。

作为一种策略，你一天之内不得不“即刻开始行动”好多次，甚至是在同一任务上。这很正常。甚至在沉思时，我们也必须将自己的注意力转移到焦点上来，不论当前焦点是什么（比如我们的呼吸或一个准则）。我们要记住的是，一天之内可能会发生好多次“开始行动”。

所有的拖延都会在我们“开始行动”的时候戛然而止。虽然这不是解决问题的全部办法，但这是重大而且关键的第一步。正如俗话所说：“好的开始是成功的一半。”

你也许忍不住逃避这个策略，甚至批评这一策略，因为它针对的就是你的问题，而这样你就无法开始行动。

然而，你认为自己无法开始行动可能是因为你关注着自己的心情（它是消极的），而且你想的是整个任务，是要“做完”而不是“开始做”。诀窍就在于找到你能开始着手的地方。

尽量保持简单，也尽量保证具体。西恩·麦克瑞尔（康斯坦茨大学）和他同事的研究表明，抽象地思考目标会让我们觉得目标并不那么紧急，而对目标或者任务的更具体的想法会带来更及时的行动。也就是说，更具体的计划会帮助你“马上开始行动”。

执行意图帮助你开始。正是你的预先决策才让你避免困于思考、选择和决定之中。你已经做出了决定，现在是行动的时间。

下面是学术界一个常见的例子。当你面对写作任务时，比如一个学期论文，你有可能就干坐着，盯着电脑屏幕发呆。在这个过程中，焦虑汇聚，很快你就屈从于感觉良好，你又一天远离书桌，内疚感很快就聚集起来。

所以，不要盯着屏幕，开始敲点儿字吧。首先建一个标题页，写上你的名字。如果知道写什么，就加上标题，或至少是一个有待推敲的标题。如果你还没准备好，就先开始写你的参考文献页。如果你能写了，就开始把你的观点先略记下来。你不一定要写句子，灵感来了再写也不迟。关键在于你已经开始动手做任务了。虽然稍显粗略，但万事开头皆如此。比如，木匠造房子时会先搭一个粗略的框架；雕刻家要先在粗糙的表面雕刻塑形并使之光滑；农民种植前要先开垦土地，让土地适于种植作物。也就是说，我们要完成一个任务，总是需要在某方面先开始。

思考这个问题的另一个角度就是那句老话：“千里之行始于足下。”第一步“即刻开始行动”很关键，能起到莫大的作用。

说实话，如果你还没准备好随时走出第一步，即刻开始行动，那现在先把这本书放下吧。你还没下定决心去改变，我所说的任何话都不会对你的自我改变起到作用。不要误会我，我不是想要打击你，我只是在说实话。

我会在接下来的章节中聊一聊其他策略、意志力的作用，还有个性对拖延的影响。但是你必须清楚，你总会面临“开始行动”的那一紧要时刻，总要从不作为转变为有作为。对于我们回避的任务来说，那一刻虽然艰难，却也很美好。

于是我们又回到了本章开始时的准则：即刻开始行动。这方面我也加了一些短语，你可能想把它当作自己的个人准则，比如“开个好头”“好的开始是成功的一半”“千里之行始于足下”等。

在下面的表格里（或者作为一个思维实验），选择一个你正在拖延并且烦扰你的任务（目标），尽可能多地写下能把这个任务完成的一些子任务。你可以在第一列里写下作为你的首选，或者你最可能先完成的子任务，这就是一个可以“开始行动”的地方。但是，尽管有任务清单，你也可能不知道如何继续，这就是现实。而且你的方法不可能全部是理性的，然而你仍可以开始行动。选一个任务，任何一个，这就够了。你可能还左右摇摆不定，但是你一旦开始做了，至少你能有一个方向，不开始则只能让你困在原地。这个方法适用于任何一个目标或者任务。

事实上，当你似乎无法开始任务时，可以将大任务拆分成若干子任务。但是不要停留于此，虽然有时候你很想这么做。对于很多人来说，列完清单后我们会感觉不错，觉得已经完成了什么，就可以停滞不前了——这是拖延的另一个借口。不要忘了，这个清单的目的是让你开始行动。

即刻开始行动吧。

要做的事情：
1.玩《实况足球》10至25分钟。
2.心理学论文-方法。
3.下午2点游泳。
你要做的第一件事是什么？
学校的事情．
打扫厨房．
健身+派对．
呃，我不知道啊．
我的清单具体而且有序号．
序号？嗯，我有想法了！
快看！我把清单变成了任务轮盘．
这事也在你的清单之列？

目标或任务：

按完成的优先顺序	子任务的列表

PART 7

为什么开始行动并不能解决所有问题

『我需要做好面对干扰、障碍和挫折的准备。』

汉斯已经真正把“停止拖延”的目标铭记于心了。今天，他不像往常那样拖延他的工作报告，而是“开始行动”起来。他很惊讶地发现自己感觉很好，甚至对结果非常乐观。工作了大约45分钟后，电话铃响了，天天见面的朋友布鲁斯打来电话，邀请汉斯一起去打壁球。布鲁斯原来的搭档最后一刻来不了，所以布鲁斯希望汉斯能来，尽管他们昨天已经打过了。虽然汉斯计划用一下午都工作来弥补已经浪费掉的时间，但他觉得现在一切都在自己掌控之中了，所以他就答应布鲁斯十二点半在体育馆见面。

问题

在上面的情景中，汉斯的目标是他的报告，而且他已经跨出了关键的第一步——开始行动。事实上，前一天晚上，汉斯就做了执行意图，准备第二天吃完早餐就开始工作，他确实这么做了。他的预先决策是："吃完早餐，我就马上去书桌前开始写报告的第三章。"请注意，他对报告的"第三章"的写作任务非常具体，同时这一章他觉得很好上手，即使这并不是报告的开头。

他对终于开始行动感觉很好。至少当我们开始一个被回避的任务时，通常会有一种释然感。但不幸的是，这些良好感觉可能给我们设下了一些小陷阱。感觉良好让我们过分乐观，我们计划和思考中的一些偏见也开始出现。事实上，汉斯感到脑子有点儿走神，当他在过程中有些停滞不前的时候，一些常见的想法也开始出现。在他写作很不顺的时候，他发现自己在想："嗯，今天做这么多足够了，这部分我更想明天再做。"事实上，布鲁斯打来电话的时候他觉得有点儿解脱了。这似乎是一个停止任务的绝佳借口。他想，运动在生活中也是很重要的呢。

这意味着要想在目标追求中更加成功，我们必须认识到还有什么情况会让我们放弃目标追求。我们必须做好准备，随时应对出现的各种情况，不然我们就会重新陷入惯性反应方式之中。如果你比你愿意的要更经常拖延，那么你的惯性反应就是找到一些方式来逃避眼前的工作。

拖延症并不仅仅是开始行动的失败。我们在目标追求的不同阶段都会面临许多问题和不必要的延迟行为。情绪可能会打乱我们的计划，分心的事情会越来越多，很容易就让一个意图替代另一个意图了，哪怕仅仅只用一分钟。而且在所有这些当中，我们都能找到给自己辩解的方法。

在上面那个情景中，由于汉斯经常见他的朋友，而且他的计划是今天工作，那个壁球活动的邀请就可以看作一个不必要的干扰。或许对于我们这些在电脑前工作的人来说，更常见的例子就是被检查邮件和浏览网页干扰分心而推迟手头的任务。我在自己的研究中也发现互联网技术是尤为强大的干扰物，“我就花几分钟查看下邮件”，然后数小时后你会发现自己还是没执行任务。关于这点，我会在第十章更深入地讨论。

这意味着不管我们做多少努力，下定决心让自己的行动保持正轨，我们也不能简单地、一味地依赖我们的目标意图。我们必须准备好处理由挫折和失望所致的情绪变化，必须准备好处理干扰物，必须准备好克服障碍。

虽然我们在目标追求中不断受到挑战，潜在的干扰物和障碍层出不穷，但是我们能得益于与之相关的执行意图，我们也可以通过做预先决策来帮助自己。

改变的策略

根据潜在的干扰物来看，有两个主要的预先决策的方法。第一个方法是在我们开始工作的时候减少干扰物的数量；第二个方法是回到执行意图，它可帮助我们提前决定当干扰物、障碍和挫折来临时，我们要如何应对。下面我将对这两种方法分别进行概述。

减少分心之事

很多事情都在干扰着我们。有些人不能在开着广播的地方或者喧闹的房间里工作，而有些比较外向的人工作时却需要背景噪声。这就意味着我们必须想一想各自的干扰物到底是什么。

在一个与电脑相关的任务和工作主导的世界里，很显然其中一些干扰就是电脑中的其他活动，比如游戏、社交工具、网页搜索引擎，甚至只是电子邮件。这些是我在最后一章讨论互联网方面的拖延时会涉及的强大干扰物，现在我仅仅将它们添加到潜在干扰物或障碍的清单上。

尽量减少干扰物这个策略的关键是要有前瞻性。开始工作前，要确保你已经将这些潜在的干扰物扫清。这可能包括：关好门、关掉电话铃声、关闭手机（对很多人来说发短信是一种长期的干扰）、关闭社交工具（Facebook、Myspace、Twitter等），并且在你的工作区域内移除可能干扰你的东西（比如杂志、报纸等）。

如果你重新读一下上面的段落，你会注意到“关闭”是一个关键动词。你通过“关闭”的方式，将自己和其他干扰物隔绝开来以保持自己的注意力，聚焦你既定的任务。这就是帮助你工作的预先决策。

当然，你不能预知工作中所有的干扰、障碍和挫折。比如，汉斯没有预料到布鲁斯会打电话邀请他打壁球。当这些干扰物出现时，你需要用另一种策略来解决，这就是执行意图的目的。

执行意图

执行意图带着“一旦……就”的形式，可以预估干扰，使我们的意图不受相抵触的干扰物的干扰。事实上，皮特·戈尔科威茨和他的同事做的实验研究表明，养成抵制诱惑的执行意图的参与者比那些没有这么做的人表现得要更好。重要的是，这个效果不依赖于参与者取得目标、忽视干扰的动力。

执行意图的影响超越了取得成功的动力。这一点很重要，因为仅凭决心和动力并不能总让我们渡过难关。

现在你需要重新想一想你主要拖延的任务。在下面的表格里（或者做一个思维实验），列一些当你已经在做任务时会碰到的让你越发拖延的干扰物和障碍。针对每一项，写一下你是否能在开始做任务前扫除这些干扰物和障碍，同时写一个执行意图作为你的预先决策，即这些情况在将来出现的时候你将如何应对。

干扰物、障碍、挫折	能否预先清除？	执行意图
例如：电子邮件	是的，工作之前就关掉。	
例如：朋友的邀请		一旦我的朋友这周末邀请我出去，我就会立即说："谢谢，但我已经下定决心要完成工作。"
例如：在工作上停滞，不知道做什么		一旦我因为不知道做什么而停滞、困惑、担心，那么我就会保持不动，列出我所知道的事的清单来确定我不知道什么。一旦我清楚了，我就会根据需要寻找帮助。我不会放弃。

PART 8

意志力，靠意志力，要是我们有意志力就好了

『意志力是有限的资源，我需要策略性地使用。』

瑞秋锻炼的目标总不能变成现实。她每天起得很早，将小孩送到学校，然后自己去上班，她打算晚饭后余下些时间在跑步机上跑步，然而，她在律师事务所疲劳了一天，天天忙于学校日托接送，还要和丈夫共同分担家务，她似乎无法鼓足勇气马上去锻炼。她很沮丧。她似乎连从沙发上站起来的意志力都没有了。每天晚上她都推迟计划，希望明天情况会有所不同。

问题

意志力是有限的资源，这是很多人共知的经验。罗伊·鲍迈斯特（佛罗里达州立大学）和他的学生及同事已经在一系列设计巧妙的实验中证明了这一点。我们有必要在此回顾一下。

在这个有代表性的实验中，研究参与者被随机分到两组中的一组。两组成员都认为他们会参与两项任务，但是第一项任务中，对自我约束方面的要求，两组之间有着很大的差异。

在第一项任务中，实验组中的参与者被要求做大量的自律工作，然而对照组中的参与者就只是被要求做任务。比如，两组中的参与者都可能被叫去看一部滑稽的电影，但是实验组中的参与者被要求自我约束、压制自己的情绪流露，然而对分配到对照组的参与者却没有任何具体的关于如何应对的指导。在一个类似的研究中，两组参与者肚子都饿了，但是实验组被告知只能吃萝卜而要抵挡美味饼干的诱惑，然而对照组却被允许吃饼干或萝卜（你猜哪个更受欢迎）。在每一个实验中，实验组中的参与者都在运用自我约束，而对照组的参与者则没有。

第一个任务完成后，两个小组被要求完成第二项包含自律的任务。两组参与者都需要通过自我约束的方式来取得成功，衡量结果的关键是每组中参与者的坚持程度。比如，典型的第二个任务包括：复杂的图表描摹、解决复杂的字谜、喝难喝的（但是无害的）“运动饮料”，还有我最喜爱的抵制喝免费啤酒（随后会有一个驾驶测试）。总之，第二个任务的主题是要求自我约束。试验的假设就是实验组的参与者会表现得更差（坚持不久），因为他们已经在之前的实验中耗尽了自控力。

这些研究的结果不断证明，实验组中的参与者比对照组的参与者表现得要稍逊一些。根据第一项任务中自我约束要求的不同，研究者得出结论，在实验组中的参与者已经至少暂时性地耗光了自控力，因此也就无法再聚集精力去实现第二项任务要求的自我约束了。

现实生活中也有这样的例子。研究显示，在经历了一天紧张的工作之后，人们锻炼的可能性更小，反而更可能会做一些比如看电视这样的消极活动。让我们回到开头瑞秋的例子，现在就能很好地理解她为什么无法振作精神去锻炼了，因为她已经将意志力消耗殆尽。

增强我们的意志力——动力的作用

当参与者在第二项任务中有动力去自我约束时，上述研究中提到的自律受损情况就会减少或者根除。比如，如果参与者在第二项任务中是按表现支付报酬，或者他们确信自己的表现会带来社会利益时，即使在做第一项任务时自控力已经明显耗光，他们也能有很好的表现。

这些结论的关键点就在于它暗示了自我约束的减少可能会打消动力。自我约束的消耗会让我们觉得自己不会成功，“我们太累了不想试了”，也许正是我们对成功期望的降低，削弱了付出努力的意志力。所以，并不是我们太累了无法做出反应，而是我们“不想去做”。

听起来很熟悉吗？“我更想明天去做。”这就是我们用来合理化自己拖延的典型用语。也许这句话在那时恰好是我们所认为的自控力大小的真实写照吧。当然，这只是我们的感觉，我敢说至少也是一种错觉。我们可能只是不愿意用动力来努力实现自我约束，而不是不能。

从这一角度来说，自我约束失败的原因仅仅是我们自己默许了。在拖延的情况中，我们发现做一些其他事情（另一个替换的意图）的欲望是难以抗拒的，所以我们干脆放弃并屈服了。

改变的策略

一天之中总会感觉到精疲力竭。我们都会有“我太累了，不能再做了”或者“我更想明天再去做”的时候。此话不假，也是我们那一刻的切实感受。然而，成功的目标追求经常要求我们超越这些暂时的消耗感。

鉴于动力对自我约束失败起到的作用，至关重要的是我们也要承认在这一过程中高阶思维的作用，尤其是超越暂时的情绪限制的能力，去关注我们总体的目标和价值。没有了暗示自律的信号，我们可能就会屈从于感觉良好而不再去尝试。

当我们对自己说“我更想明天去做”时，我们就需要停下来，深呼吸，想一想：为什么我们计划今天要做这个任务？为什么它对我们来说很重要？如果现在付出努力，好处是什么？这对我们实现目标有何帮助？

如果我们能在那时蓄力再往前走一步，也就是“即刻开始行动”的话，我们就会发现我们储备的自控力比我们自己意识到的要多。我们的想法有时候会欺骗我们，自我欺骗有时候真的是自己最大的敌人。

下面是一些策略，你也许可以用它们点燃意志力的星星之火。

1. “意志力就像肌肉”这个比喻很贴切，因为经常锻炼就能增强自控力。短短两周的自我约束训练就能提高参与者自我约束的耐力。所以，做一些自我约束的小任务并且坚持下去。这样的任务可以简单到如刻意保持较佳站姿或者用你不习惯的另一只手吃饭。练习的关键是锻炼你的自律。你不需要一开始就雄心勃勃，只需不断留意自己的关注点，慢慢地你就会不断增强你的“意志力肌肉”。

2. 睡眠和休息同时也有助于我们恢复自控力。如果你似乎已经到了极限，再也无法处理也不愿意做下一个任务时，那么首先问问自己睡眠够不够。对大多数人来说，要想让自己表现良好，每天七至八个小时的睡眠很重要。

3. 关于睡觉和休息的一个推论是一天中晚些时候的自我约束没有那么有效。尽量保持策略性，不要期望晚些时候意志力能有大作为。（在瑞秋已经“一事无成”的时候，她不得不需要重新考虑自己锻炼的时间安排，或者是用下面介绍的另一些策略和建议，让她自己在“精疲力竭”时从沙发上站起来。）

4. 积极情绪的增加有助于减少自律受损的情况。发现身边让你心情愉悦的事情、人或者活动，来增补你的意志力。

5. 执行意图也能增强意志力，制订执行意图作为行动的计划。我们都知道执行意图的具体形式：在X情况下我要做Y行为来实现Z目标，或者“一旦这个发生，我就做那个”（预期你目标追求中可能遇到的障碍）。这些意图的作用是将行动刺激置于你的周围，并让你的行为控制变成一种非意识的过程。许多研究都表明，执行意图作用的自行性特点会抗衡自律削弱的影响。让我们来看一个例子。研究参与者在看一部搞笑电影的过程中必须控制自己的情绪（忍住不许笑）。你能想象，他们通常将无法胜任之后要求用上自控力的实验，比如解字谜。但是，对于那些随机分配到进行“一旦……就”的执行意图操作的参与者来说，他们准备好对自己说：“一旦我解决了一个字谜，我就马上去解决下一个。”这个缺失的影响就被减轻了（他们能和事先没有意志力损耗的小组解决数量差不多的字谜）。这个有趣的结果清楚地暗示，在漫长的一天快结束时我们如何能增强原本已削弱的意志力。一个执行意图可能让你在即使感觉太累、无法开始行动的时候也能在晚上进行锻炼。注意：这个研究强调了“即刻开始行动”。我觉得瑞秋如果有一个执行意图“一旦我的小孩上床睡觉了，那么我就立即去跑步机跑步”，她就有可能更成功。她一旦开始了，就会发现自己拥有了想要的动力和精力。

6．自我约束似乎依赖于可供血糖含量。某些研究表明，即使自我约束的一个小动作也能反映出血液中可供血糖含量的减少，不利于之后的自我约束尝试。有趣的是，仅仅一杯甜柠檬汁就能消除实验中的自律消耗。尽管这个研究并未重复得出相同结论，所传达的信息却很清晰：不要降血糖，否则你的自律能力会变糟，带些水果（复杂的碳水化合物），放在手边恢复血糖含量。

7. 要注意的是，一些社交场合有时候比你想的更要求自律和努力。比如，如果你是典型的内向性格的人，但你被要求做一些外向的举动，或者必须压制内心的反应（对老板大吼），而做一些被认为是更易为社会所接受的事情（对无理要求再次默许），那么你会在之后的行动中减少你的意志力。这些社交互动甚至会让你在后续的互动中更可能说出或者做出让你后悔的事。与人相处需要自我约束，那么你需要好好思考前面六点，让自己做好最佳准备来处理棘手的社交问题。

8. 最后，基于动力的自控力就谈这么多。即使我们饿着肚子、睡眠不足、劳累不堪，已经到了自我约束的极限，我们也能够拿出意志力继续合适的行动。这虽然很难，但仍是可以完成的，尤其是当我们关注自己的价值观和目标，而不仅仅是关注当前情况的时候。做好这点，我们能够超越瞬间（和暂时）的情绪，防止我们屈从于感觉良好——这一点正是许多自我约束失败的关键。

PART 9

与生俱来的东西：性格与拖延症

『我的性格可能对我不利，但我能适应。』

菲奥娜和大卫已经结婚十多年了。菲奥娜的朋友描述她是一个很有组织性的人。通常来说，她是圈子里的计划者，他们也知道她真的很可靠。有事要做的时候，她总是马上就去做。大卫对自己的要求很高，同时也非常挑剔自己。无论他做什么任务，他似乎总能听到他父母的声音回荡在脑海里："这可以做得更好的。"面对任务的时候，大卫似乎总是很勉强地开始行动。菲奥娜和大卫在家务活方面很相似（他们都很挑剔，甚至会过分挑剔），但是要准备日程或者做任务的时候，他们经常会把对方弄得抓狂。

问题

上面的例子凸显了“每个个体都是不同的”这一概念。我们不妨把菲奥娜看作一个“认真负责”的人，把大卫看作一个“完美主义者”。这种判断性格的方法基于性格特征这一概念。

特征是心理学家用来总结我们在某种情况下常见行为方式的术语。特征能描绘出我们对一个人在大多数情况下的行动所表现出的预期。当然，我们实际的行动是由性格和情况共同决定的，但现在我想谈一谈个性特征。

当然，拖延症已被证实是与性格特征相联系的。有些人生来更易于拖延，其中性格就是一个起作用的因素，尤其是当环境压力对及时行事的要求不高时更是如此。当外部环境没有逼迫我们以某种方式行动时（比如，没有监督者在实际监管我们的行为），我们的性格就会对行为有很大的影响。

上面的例子提供了两个与拖延症相关的常见特征，但又有所不同。菲奥娜认真负责，即她典型的有组织、有计划、尽职责的性格特征与拖延症高度相抵触。我们越认真尽责，就越不会拖延。

相反，大卫是一个社会定向型完美主义者的例子。完美主义有不同的类型。我们这里关注的是社会定向型完美主义者，因为这是与拖延症最为相关的一类。社会定向型完美主义者认为别人对他们的行为有着不现实的期望，而且他们无法达到这些期望。他们承受着外部对其要求完美的压力，认为别人会评判他们。这就导致他们将这些期望内在化，开始挑剔起自己来（大卫脑中的细小声音就是内在化批评的例子）。

菲奥娜和大卫之间的差异，展现了性格是如何成为拖延的弹性因子和风险因子的。我们需要在自己的生活中考虑这一点。

你会不会觉得自己有易犯拖延症的性格?

要回答这个问题，你需要了解更多与拖延症相关的性格特征的信息。下面列出了一些与拖延症相关的关键特征。在你看这个清单前，我再多说一句。

性格特征可能有数千种。性格心理学家已经将此简化成一个特征的上层结构，被称作“五大特质”。与颜色中的三原色类似，这“五大特质”也是最原始的特征，其他特征只是这五个中的一部分或者它们的融合，这五大特质分别是：责任心、随和性、神经质、开放性（对经验的）、外向性。

当然，在这本摘要式的图书中，我无法一一展开详述，而且我们的重点是研究拖延症，也没必要展开详述。亨利·舒文伯格（格罗宁根大学）和克拉瑞·雷（约克大学）的前沿研究发现这些特质中只有两个是和拖延症有明确联系的——责任心和神经质（也就是我们所知的情感不稳定），下面我先来谈一下这两个。

下面讨论的其他特质是与这五大特质相关的，但考虑到它们与拖延症的相关性，需要特别探讨，因此我也单独列了出来。比如，冲动有时候被认为是情绪不太稳定的表现，有时候又是外向性的表现。不管如何，关注它们的定义层面是毫无必要的，我们只需把它们当成我们性格的一部分。

指导

对下面的任一特质，从“一点儿都不像我”到“非常像我”来评价一下你觉得这个特质与你的相似程度。

1．责任心

高度尽责的人可以被描述为有责任心的、一丝不苟的、坚持不懈的、挑剔的或者爱整洁的人。这个特质与拖延负相关，甚至可以当成一个抗衡不必要延迟的弹性因子。在很多颇为流行的性格测试中，这个特质包括许多方面，比如能力（有效率的）、秩序（有条理的）、尽职（不粗心的）、追求成就（全面的）、自律（不懒惰的）、慎重（不冲动的）。

我是一个非常有责任心的人。

1	2	3	4	5	6	7	8	9	10
一点儿都不像我									非常像我

2．情绪不稳定

情绪不稳定是神经质这种特质的另一种说法。在情绪不稳定方面得分较高的人常常表现为紧张、担忧、焦虑。在很多颇为流行的性格测试中，这个特质包括许多方面，比如焦虑（紧张的）、愤怒敌意（易怒的）、失落（不满意的）、不自然（害羞的）、冲动（情绪化的）、脆弱（不自信的）。

通常，我会觉得比起别人来，自己是一个更神经敏感或者更加情绪不稳定的人。									
1	2	3	4	5	6	7	8	9	10
一点儿都不像我									非常像我

3．冲动

在冲动方面得分较高的人倾向于在思考前就行动。这个特质反映出自我控制能力较弱，尤其是在一些潜在有回报的活动中。冲动反映出思考某个行为后果的能力不足。

通常，我觉得自己非常冲动。									
1	2	3	4	5	6	7	8	9	10
一点儿都不像我									非常像我

4. 自我效能

这一特质表明我们有能力做一个必要的事情并且能取得满意的结果。它反映出了自信心和胜任力。

我感觉自己很有能力，很有自信。

1	2	3	4	5	6	7	8	9	10

一点儿都不像我　　非常像我

5. 自尊

自尊就是我们对自己的感觉。这是对自我价值的评估。换个角度来看，自尊是我们感知自己距离我们想成为的那个人的远近程度。

总体来说，我的自我感觉很不错。

1	2	3	4	5	6	7	8	9	10

一点儿都不像我　　非常像我

6. 社会定向型完美主义

正如我说过的，社会定向型完美主义者认为其他人对他们的行为都有不现实的期望。他们认为别人都希望他们能完美，他们会觉得符合这些期望是被逼迫的。

我觉得我生活中一些重要的人期待我变得完美。

1	2	3	4	5	6	7	8	9	10

一点儿都不像我　　　　　　　　　非常像我

现在你已经看到了一些研究者已确认的与拖延症相关的主要性格特征。你如今能判断你究竟是拖延的风险大，还是规避拖延的可能性大。要计算每一项，你需要用下面罗列的公式来加总各项评分。每一项中填上你上面阅读时打出的分数，然后计算一下总分，满分为30分。

性格风险：计算项目 #2____ + #3____ + #6____ = ____

（情绪不稳定、冲动、完美主义）

性格弹性：计算项目 #1____ + #4____ + #5____ = ____

（责任心、自我效能、自尊）

这个简单的测试并没有科学根据，但是它能从性格角度对你易于拖延的程度提供一个大致的估测。这些分数提供了一个指数，表明究竟你的性格是导致了还是使你免于自律的失败。当然，既然你在读一本关于拖延症的书，我姑且推断你应该是更有拖延的倾向。你会发现你的风险分数要比你的弹性分数高一些。问题是，你该怎么办呢？

改变的策略

当我们想自我改变的时候，性格就是一个很有意思的挑战。根据性格的定义，我们认为它就是个人相对持久的特质，不那么容易被改变。

然而，我们并不需要改变性格来换取成功，我们完全可以背离性情和性格而行事。比如，有很多内向的人能够在社交场合表现很好，他们能在人群前发言，能在工作场合与其他人有效沟通。有时候确实需要策略性的努力，但是我们每天都有“改变性格做事”的成功案例。

诚然，有一些心理学家认为改变性格做事，而不遵从我们的特质和性情，会削弱自控力和意志力。我们之前讨论过，意志力是有限资源，因而认清这一点很重要。我们改变性格、追求成功是基于精力的投资，因此，当你想解决性格风险因子时，就必须将之前谈到的能提升意志力的内容考虑在内。

谈到拖延症，要想在低责任心和高冲动性的情况下改变性格行动是可能实现的，但关键是要有策略。我们之前也谈到，其中一部分就是做预先决策，知道自己面对一种情况该如何反应。如果你能有此前瞻性，你就不会过分依赖性格或者惯有的反应方式了。

还记得之前谈到的执行意图吗？就是那些带着“在A情况下，我会做B行为”形式的意图。你可能还记得，执行意图是预先决策的一种形式，你提前决定好了什么情况下将触发什么反应。

在抗衡性格特征定义下“你是谁”所形成的惯性反应时，你会发现执行意图同样有效。比如，如果你很冲动，执行意图的预先决策可能就是“一旦像外出邀请这样的其他计划出现，我就会说我将在十分钟内做出决定”。这个预先建立的决策式延迟能够有助于抗衡那些典型的冲动性直接行动的反应，避免直接行动。

我想现在大家已经很清楚，关键问题就是预先决策。在了解了一些你性格中可能会导致拖延的特征后，你可以根据这种了解提前决定如何处理惯性反应。

举例来说，如果你很冲动，那么当你想要工作时尤其应该减少周围环境的干扰。冲动的人即使有了执行意图也很难抵制这些干扰物。所以，正如我在前一章中所谈到的，在你要工作前，部分预先决策过程就是减少或者清除干扰物。

同样，如果你做事不是很有条理，那么你应该有意让你的任务有一定结构，这有助于减缓拖延症。简单的做法就是创建一个“要做之事”的子任务清单，让自己明白需要采取哪些步骤。更有挑战性的是整理一下工作区域，使之不那么杂乱。

但是要注意的是，有些人把这些整理工作也作为一种拖延的方式！一旦桌子整理好了、铅笔削了、电脑装好软件了，我们就觉得“今天差不多了”。拖延症会利用我们的自我欺骗能力，让我们为任何不必要的延迟寻找借口。

上面的策略解决了冲动性和责任心的问题，那么如何解决导致情绪不大稳定的担心和忧虑呢？如果我们担心自己没有能力完成任务，怎么办？如果我们无法忍受沮丧感，怎么办？这似乎更加严重，是不是？

的确，有些人更容易担惊受怕，也有许多人因不理性的想法而让自己陷入拖延之中。比如，我们的拖延症可能是基于对失败的恐惧。自我改变的路线，不管在短期行为上还是在长期稳定的性格改变上，都需要我们直面出现的担心和想法。如果一个任务让你出现了“我做不了”“我一直搞砸”“我不知道怎么办”“我会失败的”的想法，那么解决这些想法是至关重要的。为什么你相信它们是真的呢？当你尝试时，失败的真正风险是什么？在这个过程中，大多数人都意识到这些确实是不理性的想法，可能也是所谓的性格的习惯，但在现实世界中是不真实的。

总之，我要说的是，每个人那些稳定的差异，即性格特征会导致拖延症。我们无法简单快捷地改变性格，但是我们能够认清自身的自控力和界限。在这个过程中，我们让自己在需要行动时更有前瞻性、更有意识地改变性格来实现我们的目标。

或许最重要的一点就是要知道性格不应该是一个借口。事实上，认识到并且能解决我们的局限性，能将我们的一些优势发挥到最大化。

PART 10

上网“偷懒”让我们在拖延路上越走越远

『‘只花一分钟’，我就滑向了拖延的深渊。』

将近午夜了，艾瑞仍未开始写工作报告，尽管晚上7点他就开始坐在电脑前。晚上他刚坐在桌前的时候，他的意图是马上工作，但是他想了一下：“我先更新一下Facebook的状态吧，就花几分钟而已。”现在，几个小时过去了，他还在上网。

问题

我在书中加了这一短章，是因为基于互联网技术和其他以技术为中介的交流工具，比如智能手机，已经创造了一种全新的浪费时间的境界。毫无疑问，电脑技术这一提高生产力的最佳工具，如今已是潜在的最浪费时间的东西。其实，这一章节的标题来自我们研究组已发表的一篇论文。在这篇十多年前（早在社交工具流行之前）发表的论文中，我们的参与者反映说自己47%的上网时间都花在拖延上。我觉得这一估计还算是保守的了。

我觉得我完全没有必要写很多，让你相信为什么互联网是潜在的浪费时间之物。我认识的人一天到晚都在抱怨这个事。在这一章中，我觉得最好的例子是一个在我的“今日心理学”博客上的回复。一个匿名的读者对这个“只花一分钟”的主题是这么回复的：

> 我正在拖延……这就是我在这儿的原因，我只是谷歌了一下我的想法，像是这样……或者我听到别人哼了一段熟悉的旋律，我就查一下这首歌，看看是谁唱的……我觉得那真的只要花一分钟，但是我又查了一些别的事情，最后就花了远不止几分钟……我真的没有意识到自己最后却在维基百科上看一些与我查的歌手相关的什么疾病，我为什么要搜他？好吧，是因为学校里有人哼了一首他唱的歌……对了，学校……明天要交的论文，我还没写。
>
> 就像现在，我意识到……我在评论这篇文章……我多么希望自己在读与我要写的论文相关的文章，然后一天之内在纸上写满2000字。

事实上，即使我们不想浪费时间，最后可能也在浪费时间，这才是真正的问题。我们要想做出改变就必须明白这点。

首先要说明的是，我并不是在说我们不能一边工作一边上网。就个人而言，我很喜欢这些科技，也确实经常使用，并且我知道我们将见证它们的重要性会越来越大。我想强调的是，当我们并不想浪费时间的时候，我们却通过意料之外和不曾预料到的方式在用科技来浪费时间，这才是问题。这些科技使我们在自我约束和自律失败方面更容易出问题。

在上面的情景中，艾瑞确实计划写工作报告了，他按照计划来到书桌前，到底发生了什么呢？

艾瑞在不合理的短时间内做了一个理性的选择。虽然“更新一下自己的Facebook页面”可能只需要一分钟，但一分钟后艾瑞又面临同样的选择。当然，我们在第五章中已经谈到，我们的思维方式会让我们失望。我们能合理化又一分钟的拖延，毕竟再来一分钟当然不会影响我们写工作报告。这就是一个典型的非传递性偏好，不是吗？午夜时，艾瑞认识到要是早点儿开始工作就好了（即使之前的每一分钟，他都选择再延迟一点点）。

在不合理的短时间内做合理决策，以及我们思维中像非传递性偏好这样的问题，这些并不是互联网和社交网络潜在危害我们目标追求的唯一原因。我们易于网络拖延还有其他原因。

1.社交网络如此吸引人的一个原因是它能在某些程度上满足一种基本的人性需求，那就是对关联性的需求。我们都是社会动物，社交网络能满足这一点。

2.社交网络同时也具有即时回报性。既有回报又能即时，两者结合在一起更是诱人。事实上，关于互联网上瘾的话题能写很多。虽然这超出了我们研究的主题范围，但是需要注意的是，互联网让人着迷的本质会导致自我约束的失败，也就是会导致拖延，这会削弱我们最好的意图。

3.互联网导致拖延症的第三个原因是它可以随时随地干扰你，这对那些冲动者来说尤其麻烦。实际上，这对所有人都是问题，因为有那么多的“推送”技术。比如，电子邮件和短信一天到晚都推送给我们，即便我们在工作的时候，也会经常被后台运行的邮箱客户端和开启的手机所打扰。当所做任务不太顺利的时候，这些干扰物就更具破坏性。我们又回到了“只花一分钟”的那个模式。我们的目标追求就止步于选择去做不必要的任务，虽然长期来看并非如此（但也有长期如此的，对我们是有百害的）。

4.最重要的就是多任务工作的谬论了。我说这是谬论，是因为不管普遍观点如何，研究显示只有很少一部分人能够真正有效地进行多重工作。人类的注意力渠道非常有限，因此我们最好每次集中精力做一件事。由于驾驶员发短信而忽视关注路况，导致悲惨的交通事故，这仅仅是这种多重工作谬论有多危险的一个例子。多任务工作更常见的例子就是我们骗自己是在工作，可实际上我们只是在看邮件、社交网络、网上搜索、网络购物、游戏的间隙零星地做着工作。

改变的策略

虽然我把网络拖延作为单独的一个章节，但是改变的原则并没有什么不同，可能远没有那么吸引人。比如，当我们讨论冲动时，我们已经提出了将干扰最小化的概念，干扰最小化是让我们集中于任务的预先决策的一部分。

干扰最小化是解决网络拖延症的重要部分。要想真正与目标追求并行，我们就需要脱离潜在的干扰，比如社交网络工具。这意味着当我们在工作的时候，我们不应该还在电脑或者智能手机上玩着Facebook、Twitter、邮件，或者其他你喜欢的、在后台运行着的社交工具。我们应该把它们全部关闭。

噢，我知道，你真的非常想找个理由保持“一如往常”的工作方式。但如果你真的下决心摆脱拖延症，这就是你必须做的事。你需要关掉电脑上除了手头任务需要用的那个软件以外的一切东西，这意味着你可以更有意识地计划自己的“电子休息时间”——这又是一个帮助我们摆脱无意识习惯的预先决策，因为拖延俨然是很多人的习惯。

当你背离自己的目标追求而进行一些其他事情时，这个减少干扰策略就使其更明显了。你另外的、有潜在回报的任务不再是点击鼠标即可。你有时间来思考这究竟是不是你想做的事，你真的想现在放弃目标吗？应该不想吧。

现在有各种各样的工具和应用软件可以帮助人们管理互联网。常见的例子就是那种将你与邮箱隔绝开来，或者记录你在用哪个软件、用了多长时间等的工具。这些可能对你有用，但是技术方法永远无法代替你改变的决心。

我们为什么要拖延？因为我们“屈从于感觉良好”。用这一回答来结束最后一章比较合适。屈从于感觉良好是拖延症的一大困扰，而互联网恰好给我们提供了大量短期的，但又似是而非的回报。于是，我们就屈从于这些回报而感觉良好。

通过点击一两下鼠标，我们就能抛却让我们感觉很糟的任务，寻求即时的情感修复。如果你能明白这就是你正在做的事，你确实就走上了改变之路。

这不意味着改变很简单，我现在想谈谈前方的改变之路。这是一个通常被描述为“前进两步，后退一步”的旅程。

结尾寄语

走在自我改变的路上

『自我改变是我每天的旅程。前进两步，后退一步，我将耐心地坚持下去。』

玛丽安娜现在很失落。昨天进展非常好，她完全按计划开始工作并且坚持着，感觉很棒。她也在论文上取得了很大的进展。今天她感觉自己又回到了以前，什么事情都不想干，她已经浪费了一上午的时间来整理邮件（她知道大部分邮件她是不会再看的）、和朋友发短信。因为感觉精力不足，她想着午饭后睡个午觉。实际上，她很清楚她只不过是又在回避自己的工作。

问题

虽然本书格式是为了快速阅读，但却没有快捷之道。我们久积的不良习惯，如拖延症等，是很难改变的，新习惯也很难养成。在新行为成为生活中日常的、无意识的模式之前，我们必须付出巨大的有意识的努力。有时候我们永远也无法养成新的习惯，但我们必须每天有意识地付出努力来保持精力集中。

最关键的一点是要有策略。通过策略，通过尽可能多地做预先决策，我们会尽可能地避免沿着老路前行，这条老路就是我们熟知的拖延之路。

你已经知道，人性本身有许多方面都能导致自我约束的失败，比如我们：

· 喜欢当下感觉良好
· 易于低估未来回报
· 在计划中过分乐观，存有偏见
· 不喜欢失调，就找借口去解决
· 拥有的意志力有限
· 可能会没有条理、缺乏纪律、自我意识过强
· 可能易陷于干扰物中
· 可能对自己的期望有不理性的想法

上面的每一项都能在我们的目标追求中产生问题，导致拖延。而且，如果你和上面情景中的玛丽安娜感同身受的话，仅仅这部分导致拖延的因素就能反映出一些值得你记住的重要真理。

第一，每个人都会有不同的导致拖延的因素，就像拖延“菜谱”一样。你读这本书的时候，有些话题和问题就比别的给你的感触更深。这代表你需要在自我改变的努力中解决这些问题，这些问题是你从现在开始就能解决的。

第二，我们不能一下子改变一切。我一直强调要有策略性。在自我改变的时候也需要讲策略。挑一两个你觉得是自己现有的问题，针对问题，回顾相关章节，必要的话先聚焦那些策略，你可以在那里找到突破口。

第三，自我改变的过程是艰辛的。我们确实感觉第一天进步了，第二天又退步了。虽然我们下定决心要改变，并且努力讲求策略，我们也要在这个充满挑战的过程中对自己好一点儿。当我们明显不再进步时，我们都会有面对挫折、感到失望而沮丧的那一刻。你对待挫折和自己的态度，将对你之后的进步至关重要。对自己好，也要对自己严格，当没达到期望时要愿意原谅自己。

我们最近的一项研究是关于自我宽恕和拖延症的，这对自我改变之路上的每个人都有重要的启示。我们发现对拖延的自我宽恕会导致将来更少的拖延。具体地说，我们研究中的学生在准备考试的过程中拖延很多的时候，如果他们自我宽恕了这次拖延，他们在下一次准备考试的过程中再拖延的可能性就会减小。

这个结论反映了宽恕的力量，它能让我们从逃避动机转向动力动机。比如你得罪了一个朋友（比如，打架或违背诺言），你不宽恕自己，你的朋友也没有宽恕你，那么你就可能逃避那位朋友。在拖延症中，这是对自我的得罪，最终我们就会选择逃避与之相关的任务。在这两个情况下，宽恕所做的就是消除那种逃避动机，友谊才能重建，相应地，任务才能重新去做。

在自我改变的路上，我们必须准备好宽恕自己的过错，这样我们才能乐意再次去尝试。我们当然会不得已要试很多次。就像我之前说的，哪怕是“开始行动”这个简单的策略可能一天之内都要唤起好多次。开始，重新开始。

成功就会在这种努力中出现。努力是值得的，你花时间来思考为什么我们会拖延也是值得的，我希望这本书能成为你自我改变旅程中的第一步。

我非常乐意听到你们自己的旅程，是什么起作用了？什么没有起作用？你还想知道什么？虽然我无法保证回复每一封邮件，但你的信息会对我未来的写作起到作用。希望你通过邮箱tpychl@procrastination.ca写信给我。

最后，你可能想了解更多关于拖延症的事。这本摘要式的书虽然准确而且是基于这一领域的研究，但是在细节方面还不够全面。如果你想了解更多，你可以通过我们研究小组的网站procrastination.ca进行了解。

这个网站提供了许多相关资源，不仅仅是我们自己的学术著作，还可能是一些易懂的信息。在“今日心理学”的“不要拖延”博客以及播客iProcrastinate上面，我也总结了与拖延症相关的更全面的信息，你可以在iTunes上面搜索博客条目或者播客标题来查找正困扰你的具体问题。

我不得不说关于继续阅读的意见，我有所保留，因为阅读某个话题是没有尽头的。如你所知，拖延症的问题是我们总能找到借口不去工作。所以，你很有可能会深入阅读关于拖延症的研究而继续拖延！具有讽刺意味的是，我的博客读者和播客听众告诉过我，他们就是这样拖延的。

所以，别读得太多，我会让你回到书的开头，提醒你在生活中减轻拖延症是很实际的行为——理智、现实、无废话。还有，改变是去做的行为，不仅仅是读书。如果你把这两者结合起来，你会发现最实用的（且无废话的）是开始做，而不是继续读。

你对这本书感兴趣，可能是因为你想摆脱生活中的拖延症。现在你已经了解到很多，你已经做好准备去增强被削弱的意志，你意识到“屈从于感觉良好”是诱人的，所以你现在不会做了，而且，你知道每一个旅程始于重要的第一步。

是时候即刻开始行动了。我知道这一定会让你的人生大有不同。

致 谢

这本书成形于“今日心理学”的博客集。事实上，我在写“不要拖延”的博客过程中，发现自己很享受非正式非学术的期刊文章的写作交流方式。我发现，与为争取“不发表就淘汰”的学术之名相反，我“为学而写”，也学着用全新的方式去写。首先要感谢利比·玛（“今日心理学”执行编辑，作者），是他在2008年邀请我成为“今日心理学”的博主之一，并且培养了我作为作家的自我意识。同样，我也要感谢哈拉·埃斯特洛夫·马拉诺（自由编辑，“今日心理学”作者），他和利比一样，一直鼓励我、支持我。他们都是真正出色的团队的一员。

虽然有时候我们可能纠缠于表词达意之中，在我们“灵魂的暗夜”之中传递想法，但写作并不是孤独的活动。写作是非常社会化的行为，从想法的形成到最后的修订都是如此。因此，有很多帮助我写作的人，这些人我都需要感谢。当然，我的父亲告诉过我，你可以减少活动但不能减少责任，你可以分享的是赞美而非责备。这意味着我写作中的任何缺点都是自己的，这本书中你最爱的部分可能就是我想感激的那些人的善意贡献。

作为学者，我在写作时利用了大量的研究成果。然而，与我的学术出版物不同的是，我没有用学术参考文献的方式来引用作品。因此我要感谢那些提出观点并为我提炼的关键人物。涉及具体的拖延症研究，我的同事约瑟夫·法拉利博士（芝加哥德保罗大学）、克拉瑞·雷（已退休，多伦多约克大学）、亨利·舒文伯格（已退休，荷兰格罗宁根大学）、法西亚·西罗伊斯（加拿大魁北克舍布鲁克市主教大学）为我提供了最好的理解拖延症的观点基础。如果我在写作中没有直接引用他们的研究，我就是在谈一些我自己基于他们的研究所做的研究，我很感激这些同事和朋友。

除了拖延症的研究，我还引用了许多帮助我理解自我约束失败的本质、如何组织意图从而更成功地达成目标、我们的性格比如完美主义会削弱我们的目标追求等其他研究。虽然罗列出每个人来不大现实，我确实想相应地列出做出了巨大贡献的罗伊·鲍曼斯特博士和黛安娜·泰斯（以及他们在佛罗里达州立大学的学生）、布莱恩·利特（已退休，渥太华卡尔顿大学）、皮特·戈尔科威茨（以及他在纽约大学的同学）、戈登·菲利特（多伦多约克大学）。我在每一位学者身上都学到了很多，他们的研究在理解自律失败和提供策略进行更有效的自我控制练习的基础上，为打破无意识行为习惯和模式方面提供了一个体系。

很明显，我自己的思想和研究深受那些受人尊敬、富有学问的学者的影响。虽然不那么明显，但同样很重要的是我的学生们对我的研究和创作做出的贡献。我的研究是由学生带动的，因为研究生水平的研究也是教和学的方法。我想感谢所有自1995年开始和我一起一直作为拖延症研究团队一部分的同学们。我想特别指出由香农·班尼特、凯莉·宾德尔、艾伦·布伦特、马修·丹恩、莫森·哈格宾、埃里克·休厄德、詹妮弗·拉沃伊、亚当·麦凯菲瑞、瑞克·莫林、布莱恩·萨蒙、马修·沙纳汉、凯尔·辛普森、蕾切尔·蒂博多等同学所做出的贡献。每一位同学各自的研究远超出论文的要求，完全可以进入学术领域。

研究结果转为供人阅读、与人交流的思想本身就是一种艺术。我很感激我的妻子贝斯对我的帮助，她不是心理学家，却乐意让我阐明观点和文字，对她来说坚持做下去恐怕是需要勇气的，因为我很容易就去维护自己的写作。我知道她周到的建议总是让我的思路和写作更清楚。此外，我的朋友詹妮·贝肯乐于证明我们的友谊的力量，为编辑此书贡献了其专业知识，让我的写作过程大有不同。作家詹妮读研时专攻英语，在科技写作方面有着丰富的经验，她让我的行文更加连贯一致。如果你在某方面还发现了问题，那是因为我没有听从她的建议。

书中的漫画为我们的讨论提供了不同视角，也以有些幽默的方式解读了人性中“拖延至明天”的倾向。它们是我的朋友保罗·曼森的杰作。我初次见到保罗时，他还是个小男孩。我那时还是渥太华的一名皮划艇装配员。保罗跟着他的父亲比尔和姐姐贝姬，在皮划艇和艺术方面逐渐赢得了国际声誉。当他同意与我合作创作系列漫画时，我非常高兴。如果一张漫画让你发笑，那肯定是保罗在深入地理解观点后的创意想法。

我刚才提到的每一位以及那些我没有说感谢之词的人，都对我的研究和写作做出了贡献。我最后要感谢的是那些虽然并未直接对写作此书做出贡献，但是对我个人非常重要的人。他们让我的生活充满乐趣，为我的写作提供了“空间”，并使我能平衡生活。

我的孩子劳蕾尔和艾利克斯，以及我的妻子贝斯，都给我的生活带来了爱与欢笑。我努力每天不在繁多且琐碎的事务上拖延，就是为了能有时间和他们在一起。我的雪橇犬经常拉我跑到户外运动，让我保持健康和快乐。最后，我要感谢我的父亲沃尔特·皮切尔，我总会想起他，是他给了我构筑生活的智慧、爱与支持。具有讽刺意味的是，当我父亲在拖延一天的行动时，他最常说的话是“我们等着瞧吧”。我经常笑着对他说：“怪不得我会研究拖延症！”然而，他的话也充满智慧。延迟有时候是很明智的，甚至是最好的行动方向。认清拖延和其他形式的延迟之间的不同，就是一个非常好的出发点，你会在第一章中发现这些思想。

SOLVING THE PROCRASTINATION PUZZLE:

A Concise Guide to Strategies for Change

Timothy A. Pychyl, Ph.D.

SABBATICAL IS A WONDERFUL PART OF THE ACADEMIC LIFE. It is a tradition where on every seventh year scholars are given time, uninterrupted by teaching and administrative duties, to read, research and write. I give thanks for this gift of scholarship, and I dedicate my writing to those at my university and faculty association who preserve this important tradition.

Contents

INTRODUCTION

IF YOU ARE READING THIS, it is probably because you are bothered by procrastination.

You may be even be reading this because you are procrastinating right now. You are avoiding some other task. I want to make the time you spend off task, right now, worthwhile.

That is the purpose of my writing. An hour from now, you will be prepared to act differently. You will be prepared to be more successful in your goal pursuit.

Are you ready to get started? That is one of my most basic strategies: just get started. In this book, I explain why this works and summarize the research evidence for such a simple, practical strategy.

About this book

This is a short book—practical and no-nonsense. Although as short as possible, each concept, topic and issue presented has been carefully researched.

I have been researching and writing about procrastination for nearly 20 years. You can learn about my research at procrastination.ca. This Web site provides access to my research group and academic publications as well as my iProcrastinate Podcasts and "Don't Delay" blog for *Psychology Today*. I have had millions of downloads of my podcasts and blog entries. Like this book, these resources are research-based but meant to be very accessible for people who do not normally read psychological research.

The key difference between my blog or podcast and this book is the organization of the ideas. The blog and podcast cover a wide variety of important topics, but you would have to spend days reading or listening to get it all. *The value of this book is that it is a digest of my research, and most importantly, this book provides a concise summary of key strategies to reduce procrastination in your life.*

Why Is the Book So Short?

Too often, we start books, read the first chapter or two, and never pick it up again (although we intend to finish it). Among procrastinators, this is a terrible risk. In fact, procrastination is defined by this intention-action gap. I do not want to contribute to this, so I have written a short book. It is possible to read the whole thing in a few hours (fast readers may get through the main ideas and key strategies in an hour, in fact).

Most importantly, I have written a short book because I believe that less is more. It is quite possible for me to write hundreds of pages about this topic. I have in my blog and research, for example. My graduate students regularly write lengthy theses on the topic. However, when it comes to learning strategies for change, a few key ideas are what is required. Working with these ideas in your own life will make a difference. Your reading can make a difference in your life right now—if you want it to.

"If you want it to." This idea is very important to understand. No technique on its own will ever work without a firm commitment to a goal. *If you are committed to change, I know that what you will learn here will make a difference.* I have received emails from people from all walks of life (e.g., lawyers, students, homemakers, consultants, medical researchers, and even other academics) and from all over the world that attest to the difference that these strategies are making in their lives.

How the Book Is Organized

I have structured each chapter in a similar way so that the book is easier and quicker to read. You know what to expect in each chapter.

First, I begin each chapter with a key phrase that may become your mantra for change. A mantra is an often-repeated expression or idea. It is commonly associated with meditation as the focus of your thoughts. I think the first sentence of every chapter can serve you best as a daily focus as you work towards change in your life.

When you read a chapter that really speaks to you in terms of your own procrastination, memorize the opening mantra for change; post it on your fridge or on your computer as a screen saver. In short, make it your own and reflect on it often.

Second, I offer an example through a short story that highlights a common problem with procrastination. These stories are based on lived experiences shared with me by research participants, as replies to my blog postings and podcasts, as well as through people I have met at invited talks, workshops, and even at social gatherings (these are people who tell me that they would be the perfect subject for my studies). I hope these stories can help you situate the issue in lived experience.

Third, I summarize the key issue(s) illustrated in the story. Here, I draw on research, but I do not quote dates, names, or other details as I do in my academic papers, blog, or podcasts. I write about the issue and research in simple terms to keep the concepts clear. When I do introduce a term from research, some psychological jargon, I explain what it means.

Fourth, based on the research, I present strategies that you might use to facilitate change in your life. These strategies flesh out the mantra at the beginning of the chapter, linking the issue and what we know from research to things you can do to reduce your procrastination. These strategies are the practical things that you can do to solve the procrastination puzzle in your own life.

As appropriate, I also provide a place for you to rephrase the key ideas in relation to your own life. This is where you make the concepts your own in the context of your own life. This is where you do your first bit of personal work and goal setting.

Finally, you will find at least one comics in each chapter. Paul

Mason (an artist, creative genius, and all-around great guy) and I created this series of comics together.

In the comics, we embrace the notion of carpe diem. The Latin expression *carpe diem* (which means literally, "seize the day") has been used for centuries with contrasting meanings. For example, it has been used to celebrate and defend procrastination with a focus on enjoying the moment—"Eat, drink, and be merry, for tomorrow you may die"—and it has also been used as an admonition, scolding ourselves to focus on the pressing task at hand with expressions such as "make hay while the sun shines".

Our comics allow us to laugh at our propensity to put it off, while lamenting the tragedy of our inability to seize the day and accomplish our goals. Laugh or cry, we hope you will enjoy the situations we portray. Although the context for these comics is college and university life, I think you will find the themes applicable to other life domains.

OK, enough by way of introduction. Let's just get started.

What is procrastination?

Chapter 1

What Is Procrastination? Why Does It Matter?

[All procrastination is delay, but not all delay is procrastination.]

MARIA, A WORKING MOTHER of three young children, reaches the end of her day with lots left to do. Again, she didn't get the laundry put away or the files sorted in her office. She beats herself up, calling herself a procrastinator, yet she's confused about how she'll ever be able to get it all done when so much happens each day that's out of her control. She plans carefully, but kids' illness, changes at the day care, and both her and her husband's travel for work always seem to necessitate change in her plans and delays on some tasks.

Issue

These examples in Maria's life should *not* be seen as procrastination. We all have to delay things. Delay is part of making priorities. Of course, a child's illness takes precedence over much of what we might plan that day. Other tasks need to be delayed to make time for doctor's appointments, home care, whatever is necessary. The key issue here is that it is not a voluntary delay in the strictest sense.

Procrastination is *the voluntary delay of an intended action despite the knowledge that this delay may harm the individual in terms of the task performance or even just how the individual feels about the task or him- or herself.* Procrastination is a *needless voluntary delay*. In Maria's case, the delay on putting away the laundry and filing were not truly voluntary. She was not needlessly taking on some alternative task to avoid the laundry or filing. She was optimizing her use of time to meet one of *her* most important life goals: to be the best mother she can.

There are many types of delay in our lives. I believe we need to learn to appreciate this. Some delays are not only necessary, as with the example of Maria's task delay in favor of her children's health, they are wise. We might also decide to delay action on a project because we need more information first. It is wise to put things off at times rather than act impulsively or hastily.

Delay is a necessary part of our lives. At any given moment, there are any number of things we could do. What will we choose to do? This choice is based partly on our earlier intentions, our plans for the day, but of course, our choice will also depend on the context of the moment. What is happening right now that has an effect on our choices? What is most important now? What is the wisest thing we can do given our goals, responsibilities, roles, and desires?

Procrastination, in contrast to other forms of delay, is that voluntary and quite deliberate turning away from an intended action even when we know we could act on our intention right now. There is nothing preventing us from acting in a timely manner *except our own reluctance to act.*

This is the puzzling aspect of procrastination. Why are we reluctant to act? Why is it we become our own worst enemy?

We undermine our own goal pursuit needlessly. *Why?* How can we solve this procrastination puzzle?

To understand the procrastination puzzle—that voluntary but needless delay in our lives that undermines our goal pursuit—*we need to understand this reluctance to act when it is in our best interest to act.* We also need to have strategies to overcome this reluctance.

The conscious use of strategies to overcome our reluctance to act is essential, because procrastination for many people is a habit. That is, procrastination is a habitual response to tasks or situations, and like all habits it is an internalized, unconscious process. It is what we do without really thinking about it. In fact, cross-cultural research by Joseph Ferrari at DePaul University (Chicago) has demonstrated that for as much as 20 percent of the population, this procrastination habit is quite chronic and affects many parts of our lives.

Habits are not easy to change. We need to make conscious effort with specific strategies for change to be successful.

Throughout the book, I argue that we need to make *predecisions* to act in a different way, counter to the habitual response. Based largely on the work of Peter Gollwitzer (New York University), I emphasize many different ways that we can use predecisions to act when we intend to act, to reduce the effects of potential distractions, and to cope more effectively with setbacks and disappointments as we work towards changing our behavior.

In the chapters that follow, I explain why we may be reluctant to act on our intentions. Then I offer strategies for change to help develop more effective self-regulation by breaking habitual ways of responding. The purpose of this introductory chapter is to emphasize that not all delay is procrastination, and the importance of focusing on the needless delay that is undermining us.

STRATEGIES FOR CHANGE

My initial strategy for change is for you to begin to categorize in your own mind which delays in your life are procrastination. These are the delays that you want to do something about. Knowing this difference is a good place to start.

As you begin to identify which delays are truly voluntary delays that undermine your performance and well-being, you may see a pattern emerge. These tasks, projects, or intended actions may have something in common. For example, you may find that these tasks, projects, or intended actions elicit common feelings.

In the table that follows (or on a separate piece of paper, or on your computer, or simply as a thought experiment), list those tasks, projects, activities, or "things" in your life on which you tend to procrastinate. Next to each, jot down what emotions and thoughts come to mind when you think of each of these moments of procrastination. Do not overthink this. It could be, for example, that you are uncertain about what to do to complete a task.

When you have finished your list, look for patterns in the emotions or thoughts involved. You will want to refer back to these when reading some of the chapters that follow.

TASK, PROJECT, GOAL, ACTIVITY	FEELINGS AND THOUGHTS ABOUT THIS TASK/GOAL

Chapter 2

Is Procrastination Really a Problem? What Are the Costs of Procrastinating?

[Procrastination is failing to get on with life itself.]

I ATTENDED A CONFERENCE a few summers ago titled Living well and dying well: New frontiers of positive psychology, therapy, and spiritual care. During a discussion of coping with death and counseling individuals who are grieving, one of the psychologists in attendance noted two kinds of regrets that people express in their grief over the loss of a loved one: regrets of commission and omission. The second regret, the things we omitted doing while our loved one was alive, captured my interest. Regrets of omission are so often the result of procrastination.

I asked this psychologist, "What is the nature of these regrets of omission?" adding, "Are these:

1. Things people really intended to do but never did (i.e.,

procrastination) ?

2. Generalized possibilities of what they could have done?

3. Cultural scripts of what they think they should have done, what would have been nice to do?

4. Internalized expectations about what the loved one might have wanted them to do? "

The psychologist replied that all four types were part of the regrets he had seen in his practice.

So I pushed on a little further and asked which type of regret seemed most problematic. As I expected, given the guilt associated with procrastination, regret over the things these grieving people really intended to do but did not was the most problematic. *The regrets of omission related to our procrastination were most troubling in the grieving process.*

Issue

Everyone procrastinates. I believe this, and research has documented this in a number of different ways. In fact, I think that people who say that they have never procrastinated might also say that they have never told a lie or been rude to someone. It is possible, I guess, but unlikely. We certainly do not like to admit to these undesirable actions.

So, if everyone procrastinates, why is it a problem?

The research evidence is clear. People who score high on self-report measures of procrastination also self-report lower achievement overall, more negative feelings and even significantly more health problems. Let me discuss each of these briefly.

The lower achievement is easy to explain. Although we can all remember instances where we procrastinated and did very well (we cherish these memories to make us feel better and to justify even more procrastination), on the whole, procrastination results in less time to do a thorough job. This usually means poorer work overall. A meta-analysis of the procrastination research conducted by Piers Steel (University of Calgary) has shown that procrastination is certainly never helpful and usually harmful to our task performance.

The fact that procrastination is associated with more negative emotions (or moods) is puzzling. If we are procrastinating, you would think we would actually feel better because we are not doing the tasks we do not want to do in favor of things we enjoy. At least that is what you would think we are doing.

The thing is, our research shows that even when we are procrastinating, and I mean when we are actually off task and researchers ask us questions then about our feelings, we do not report feeling happier necessarily. There is a mixture of feelings experienced, including guilt. So, on the whole, procrastination does not make us feel that great, and this is particularly true in the long run.

Finally, the new research by Fuschia Sirois (Bishops University, Sherbrooke, Quebec) that demonstrates that procrastination actually compromises our health is very interesting. Procrastination seems to affect health in two ways. First, procrastination causes stress, which is not a good thing for our health for many reasons (e.g., stress compromises our immune systems).

Second, chronic procrastinators needlessly delay health behaviors such as exercising, eating healthily, and getting enough sleep. This affects our health negatively, particularly over time. Sure, not exercising today or not eating vegetables today is not going to harm us today. But, you know how it goes: Tomorrow is the same situation, we rationalize one more day of delay and before we know it, it has been years of neglected (procrastinated) health behaviors. The results can be devastating with increased risk for heart disease, diabetes, and other debilitating illnesses that can be prevented with more daily attention to simple but avoided health behaviors.

The day-to-day delay on small but cumulatively important tasks affects us in other ways as well. A good example is retirement savings. It is easy to put off saving to another day, but this

procrastination costs us in the long run.

All of this is true about procrastination—it is seldom helpful (but we certainly recall when it is), and it is usually harmful to our task performance, psychological well-being and even our health. Although all of these outcomes are negative, this is *not* what might concern us most about the consequences of procrastination.

Procrastination is a problem with not getting on with life itself. When we procrastinate on our goals, *we are our own worst enemy.* These are *our* goals, *our* tasks, and we are *needlessly putting them off.* Our goals are the things that make up a good portion of our lives. In fact, both philosophers and psychologists have proposed that happiness is found in the pursuit of our goals. It is not necessarily that we are accomplishing anything in particular, but that we are engaged in the pursuit of what we think is meaningful in our lives.

When we procrastinate on our goals, we are basically putting off our lives. We are certainly wasting the time we could be using towards our goal pursuit. The thing is, the most finite, limited resource in our lives is time. We only have a finite amount of time to live. Why waste it? Why waste it running away from tasks that we want or need to do?

Let's return for a moment to the story I told at the beginning of this chapter. As I listened to psychologists present their research papers and therapists talk about the grieving process, I left each session more convinced of the importance of dealing with procrastination as a symptom of an existential malaise, a malaise that can only be addressed by our deep commitment to authoring the stories of our lives.

To author our own lives, we have to be an active agent in our lives, not a passive participant making excuses for what we are not doing. *When we learn to stop needless, voluntary delay in our lives, we live more fully.*

It is time to make a commitment to engaging in your life, achieving your goals and enjoying the journey. Time is too precious to waste.

STRATEGY FOR CHANGE

One of the most important preconditions for successful change is a deep commitment to that change. You really have to value that change. So I want to focus your attention on the costs of your procrastination to enhance your goal commitment.

Take a moment now to think about the list of tasks that you came up with at the end of Chapter 1. Recall that these were the tasks (goals, projects) on which you are procrastinating. I have provided a table below into which you may want to copy this list of tasks (or goals) in the first column. You may want to add new ones, too, after reading this chapter and thinking further about procrastination. I do realize that every reader is different, and that you may not want to write this out. If not, stick with this as a thought experiment and just think through the next little bit.

Next to each of these tasks or goals, note how your procrastination has affected you in terms of things such as your happiness, stress, health, finances, relationships, and so on. You may even want to discuss this with a confidante or significant other in your life who knows you well. In fact, you may be surprised by what they may have to say about the costs of procrastination in your life. Like tobacco smoke, there are secondhand effects of procrastination of which you may be unaware, including broken promises, unfulfilled obligations, and the added burden to others of "picking up the pieces" while you are busy with your last-minute efforts . . . again.

In short, it is important to recognize and acknowledge all of the costs associated with the self-regulation failure we commonly call procrastination. This knowledge can be helpful in maintaining your commitment to change.

What I expect you will see in this list is how much you are paying for your procrastination. The reward of following through with your reading today is to learn how to eliminate these unnecessary costs in your life.

Strengthening Goal Intentions

It is one thing to know the cost of not acting; it is quite

another to have a strong commitment to the goal itself. A strong goal intention, an intention for which you have a very strong commitment, is absolutely essential. As is commonly said, where there's a will, there's a way.

To strengthen a goal intention, it is important to recognize the benefits of acting now, not just the costs of needless delay. Taking time to think about how your goals align with your values and larger, longer-term life goals, or simply the short-term benefit of getting a necessary task done, can be an important step in strengthening goal intentions. The last column of the table provides space for this reflection. Add notes about why this goal or task is important to get done, as well as the benefits of acting now as opposed to later.

Finally, knowing something is different than realizing it—making it real—in our lives. For example, we can understand that health habits such as regular exercise or eating low-fat foods and less refined sugar are good for us. However, we can fail to act on this knowledge until something makes this information *real* in *our* lives. A common example of this is the strengthening of goal intentions for health behaviors following the diagnosis of a serious illness such as cardiovascular disease. With the diagnosis, the knowledge of the link between behavior and health outcomes becomes real in our lives, not just knowledge about the world in general.

The trouble is, it can be too late to act at this point, and waiting for an epiphany of this sort is not the most effective life strategy. It is very important to regularly examine our intentions as a starting point to reducing procrastination. To the extent that we can strengthen our goal intentions, we are much more likely to act.

TASK, PROJECT, GOAL, ACTIVITY	COSTS ASSOCIATED WITH PROCRASTINATION	BENEFITS OF ACTING IN AT TIMELY FASHION

Chapter 3

What's the Most Important Thing We Need to Know About Procrastination?

[I won't give in to feel good. Feeling good now comes at a cost.]

MARTIN SAID THAT he would work on the report this morning. That was yesterday, and it felt good to put that awful report off until tomorrow. Now he is facing the task and he feels awful. He is anxious and frustrated. He really dislikes this report. Feeling a whole range of negative emotions, he decides to work on some other, less important stuff instead. His mood lifts as he pushes the report aside for another day.

Issue

As the work of Roy Baumeister and Diane Tice (Florida State

University) has clearly shown, procrastination is a form of *self-regulation failure*. We fail to regulate our behavior to achieve our own goals. We make an intention to act, but we do not use the self-control necessary to act when intended. This is the voluntary nature of the delay that I stressed in the first chapter that characterizes procrastination. We may voluntarily delay our action because we are unable or *unwilling* to self-regulate our behavior to act now.

There are many types of self-regulation problems, including problem gambling, overeating, reckless spending, and drinking too much. Procrastination is best understood as a problem like these—a problem with our self-regulation.

Why do we fail to self-regulate? Although there are many factors that contribute to this, the most important thing to understand is that we "give in to feel good". That is, we want to feel good now and we will do whatever it takes for immediate mood repair, usually at the expense of long-term goals.

When we give in to feel good, we give in to impulsive urges. These urges can take many forms. We could gamble, shop, or eat more than we need, ingest mood-altering substances, or procrastinate—all in an effort to avoid negative emotions. Of course, my focus in on how we use procrastination—needless task delay—to give in to feel good.

When facing a task we intend to do but do not want to, we feel a number of possible negative emotions. We may feel frustrated, angry, bored, resentful, depressed, anxious, or guilty. These emotions may be some of the emotions that you listed in your table at the end of Chapter 1. Generally, we call this *task aversiveness*. Aversive tasks are things that we all want to put off. They make us feel bad. We do not like doing these tasks.

Who really *wants to* do an aversive task? No one. However, the task may be necessary for us to reach a desired goal. We may not want to do the task, but we need to do it.

The key issue is that for chronic procrastinators, short-term mood repair takes precedence. Chronic procrastinators want to eliminate the negative mood or emotions now, so they give in to feel good. They give in to the impulse to put off the task until another time. Now, not faced with the task, they feel better.

If you find that you are chronically procrastinating, it may well be that you are running away from negative feelings by putting off your tasks. Of course, this is temporarily rewarding. The moment we put off the task until tomorrow, we feel relief from the negative emotions. And, as you may have learned in a basic psychology course, behaviors that are rewarded get repeated. We are reinforcing our procrastination, and it becomes a problem.

STRATEGIES FOR CHANGE

The issue of short-term mood repair in favor of long-term goal pursuit is a crucial one when it comes to addressing our procrastination. It is important to recognize that giving in to feel good is at the heart of self-regulation failure, and it is important to develop strategies for change.

I want to begin with the most basic, and perhaps least

palatable, strategy that I can think of in relation to giving in to feel good. That is, when faced with a task where our natural inclination is to say, "I'll do this later," "I'll feel more like this tomorrow," we need to stop and recognize that we are saying this in order to avoid the negative emotions we are feeling right now.

Knowledge is power in this regard. First and foremost, we need to recognize that this task makes us feel awful and what we are trying to do is to run away from these feelings. Of course, this takes a certain amount of *emotional intelligence.* This type of intelligence is not related to the size of our vocabulary or the ability to do arithmetic. Emotional intelligence is the ability to effectively identify and utilize emotions to guide behavior. Recent research has shown that lower emotional intelligence is related to more procrastination, but the good news is that we can increase our emotional intelligence. We can learn to more effectively perceive, understand, and regulate our emotions. This is very important in terms of more effective self-control.

In any case, based on what I know about procrastination, it seems clear that most people who procrastinate are emotionally aware enough to recognize that some tasks make them feel awful and that they are procrastinating to escape these emotions. What may require further focus and strengthening is the ability to regulate emotions, or at least some commitment not to take the path of least resistance—that is, not to give in to feel good.

What we really need to do is to come to terms with our negative feelings about a task. We need to find a way to cope with these negative feelings so that we can continue to pursue our intended goal. The question is, how?

While I was writing this book, Ivy, a podcast listener, wrote to me to say that she had developed some of her own mantras related to the iProcrastinate Podcasts. Here's what she developed on this topic:

"Don't give in to feel good, step on up to what should."

I like this type of mantra or slogan, as you know. It can help us focus more on changing our procrastination habit. Ivy's mantra could easily replace the one I offered at the beginning of this chapter.

This tough strategy is immediately effective as a first step. We have to "suck it up", as they say. Yes, we are feeling awful about the task at hand. We would rather run away, give in to feel good. However, *the first step at the moment of procrastination is to stay put.* If you turn away in an effort to make yourself feel better, it's over.

Certainly, staying put and dealing with these initial negative emotions is not the whole solution, but it is an absolutely necessary first step.

The key to success with this emotional experience is to be prepared. I will explain just why I am urging you to prepare in a certain way later. For now, I just want you to think about the following as your first step in an antiprocrastination strategy:

> **THINK:** IF I feel negative emotions when I face the task at hand, THEN I will stay put and not stop, put off a task, or run away.

This "if . . . then" format of an intention has been labeled an *implementation intention* by Peter Gollwitzer (New York University). I will have more to say about implementation intentions in a later chapter. At the moment, the key thing is that you need to internalize this implementation intention in order to take a first step related to the negative emotions that are associated with procrastination.

Although I think most of us have to recognize that we might very well have to just experience the first moments of these negative emotions, we do *not* simply have to take a tough guy approach and "suck it up" to succeed. There is another, gentler approach we can take.

Essentially, it comes down to choosing the emotions on which we will focus. For example, although the dominant emotion at the moment may be fear—we may *have* fear—the key thing is that we do not have to *be* our fear. We can acknowledge this fear but choose to continue to pursue our goals working from some other part of our self. Parker Palmer, one of my favorite educational writers, speaks of this as working from some other part of our "inner landscape". Our inner landscape, the psychology of self, is more than the fear we may be experiencing. It also includes our curiosity, our desire to succeed, and another very strong emotion, our interest.

If we choose to acknowledge our fear but find "the courage to be" *in spite of this* fear, to work from another part of our inner landscape, we may more successfully stay put and stay on task. *We will not give in to feel good.* We will have made the first step towards beating procrastination.

Of course, we are quite expert at finding reasons not to persist like this. In the face of negative emotions, we might even try to justify why we want to run away. We will not acknowledge our fear or frustration. We might simply think, "I'll feel more like doing this tomorrow." We probably won't. I think we all know this deep down. This is part of the strangely puzzling nature of procrastination. We have become our own worst enemy, and we even know how to lie to ourselves.

Emotionally, we are giving in to feel good while justifying this choice by thinking, "I'll feel more like doing this tomorrow." No, we won't! In the next chapter, I explain why.

Chapter 4

Why We Won' t Feel Like It Tomorrow

[I won't feel more like doing it tomorrow.]

TO INTRODUCE THIS CHAPTER, I want to share a story I received from a reader of my *Psychology Today* blog. It clearly illustrates the problem of tomorrow. This reader said that the issue of feeling more like doing it tomorrow was reminiscent of a sign in a butcher's shop window in his grandparents' village in Poland.

Translated into English, the sign read: "Today you pay and tomorrow you get it for free."

When the customers would come tomorrow for their free goods, the butcher would say "Read the sign: Today you pay, tomorrow it's free." As this reader noted, it is pretty much that way with procrastination. The tomorrow in which "I'll really feel like it" is always a day away. It never becomes today.

Issue

The story above captures the basic issue with procrastination: I'll do it tomorrow. In fact, the Latin roots of the word *procrastination* means, "to put forward to tomorrow." Yet, as the butcher explained with his sign, that tomorrow never really comes.

As with the butcher's sign that implied that customers would get free goods tomorrow, our thinking plays a trick too. We think, "I'll feel more like it tomorrow." What we need to understand, so as not to be tricked like the butcher's customers, is why this is not true. We will not feel more like it tomorrow.

Research, particularly studies by Dan Gilbert (Harvard University) and Tim Wilson (University of Virginia), indicates that we are not very good forecasters. No, I don't mean weather forecasters. Meteorologists seem to be better at forecasting the weather (at least in the short term) than we are at forecasting our own mood in the future. Forecasting our future mood is known as *affective forecasting*.

The main idea behind affective forecasting is that we have a bias when we predict future mood (affective) states in relation to positive or negative events. For example, a couple of years after winning a lottery, the winners were about as a happy as they were before their win, despite the general affective forecast that they would be much happier if only they could win the lottery. This is also true of people who have suffered debilitating accidents. A few years after the accident, despite long-term effects such as paralysis, accident victims were about as happy as they were before this life-changing event—again, despite the general affective forecast that they would be much unhappier.

Two concepts are used to explain these peculiar findings: *focalism* and *presentism*. Focalism is the tendency to underestimate the extent to which other events will influence our thoughts and feelings in the future. Presentism, as you might guess, addresses the fact that we put too much emphasis on the present in our prediction of the future. Taken together, this means that we focus on our current situation and how we feel *now* without enough consideration about the future situation, what might happen and how we might feel then (or have in similar situations in the past).

Here are some common experiences of this: If we go grocery shopping just after a meal, we will generally underestimate how much we will eat in the week ahead and buy less. Addicts who have just ingested their drug of choice will underestimate how much they will crave the drug later. Irrationally, we think how we are feeling now is how we will feel later. The most astonishing thing about this is that it is true for simple things like current and future hunger states.

How Is This Related to Procrastination?

We need to consider what this human bias in affective forecasting means to our understanding of procrastination. By this point, the argument may be apparent. In making an intention for future action, we focus on our current affective state with the mistaken assumption that our affective state at the point we expect to act on our intention will be the same as it is now.

The real catch here is that *when we intend a future action, our affective state is often particularly positive.* Why? There are two reasons.

First, because we are putting off action until the future, we get the reward that we discussed with giving in to feel good. We feel good now that the intention is for *future* action. At the very least, we feel relief that we are not on the hook to act now.

Second, we are imagining ourselves engaged in some future action that we perceive will make us happy. This is pleasant in and of itself. Health behaviors are good examples here. If we intend to go for a run tomorrow, we feel good about ourselves for making such a proactive health-related intention. Good for us! Our current affective state is positive, and we incorrectly forecast that our affective state tomorrow at the intended time of the run will be the same.

There is nothing like a righteous intention now for action later to make us feel good. "I'll run tomorrow." "I'll do that assignment tomorrow." "I'll write that report later ." Happiness now, pay later (or not, as the case may be). Unless we can get better at "mental time traveling ," where we can set intentions with clearer knowledge about how we will feel about taking action in the future, we will continue to be predictably irrational with our procrastination.

STRATEGIES FOR CHANGE

We need a two-pronged approach to increase the likelihood that we will act on our intentions. One strategy is "time travel". The other is to expect to be wrong and deal with it.

Strategy ♯1—Time travel

As numerous psychologists who study affective forecasting have advocated, we need to use mental images of the future more often and more accurately. We need to represent the future as though it were happening in the present. For example, a person who is procrastinating on saving for retirement might imagine as vividly as possible living on his or her potential retirement savings. To make a future image like this more concrete and accurate, it may be important to set out some numbers for a budget and take into account the reality of the need for, and increasing expense of, health care in old age. This "time travel" can help make our predictions of the future more accurate and motivate us to take more appropriate action now.

Unfortunately, I am not that confident that this approach will work for many people. First, it is possible that we will put off this planning task itself, a form of *second-order procrastination*. Second, even if we do this task, the initial emotional response (e.g., fear) will most likely wear off quickly, and, more importantly, the fact that retirement is so far away may still result in us discounting its importance and delaying our savings further.

Strategy #2—Expect to be wrong and deal with it

This second strategy is more effective, but you may think that is a hard-nosed approach. In this case, rather than trying to change what seems to be a deeply engrained bias in human thinking by improving our affective forecasts, *I think we should simply learn to expect to be wrong and go from there.* We do this every day with respect to weather forecasts, and most recently we have been learning to do this with ridiculously inaccurate economic forecasts. Given our ability to cope with inaccurate meteorological and economic forecasts, I have confidence we can cope effectively with our poor affective forecasting. This strategy, by necessity, takes two forms or approaches.

Approach #1

When we are tempted to procrastinate on a current intention or task, thinking that we'll feel more like it tomorrow, we need to stop and think, "No, that's a problem with my forecasting. There is a good chance I won't feel more like it tomorrow." AND it is important to add the following:

"My current motivational state does not need to match my intention in order to act."

This is a common misconception about goal pursuit: we believe that we have to actually feel like it. We don't. And, with many of the tasks in our lives, we won't feel like it . . . ever! The thing is, our motivational state does not need to match the intention. We can do something even if we do not feel like it. Parents spend a lot of time explaining this to their children.

Here is another example: Much as we might prefer a sunny day to go out for a run or a bike ride, we can put on rain gear and get outside. In fact, successful athletes do this every day. They are not "fair-weather trainers". The weather does not have to match the activity. We can cope with what we get and still act as intended.

Similarly, acknowledging that our motivational state is neither necessary nor sufficient to ensure action, we can simply remind ourselves of our personal goals (a form of self-affirmation) and "just get started". Progress will fuel well-being and enhance goal attainment (more on this in Chapter 6).

Approach #2

When we set an intention to act tomorrow, and tomorrow comes, *expect that you probably will not feel overly enthused to get started.* Given that our intention was made yesterday (or much earlier) with the optimistic mood that comes with having a plan, we will probably feel less happy than we expected with the reality of the task now at hand (again, this is all part of our biased affective forecasting).

Now, *the thing to do is to remember that this is a transient mood,* and think through all of the issues raised with Approach #1, particularly how your motivational state does not need to match the task for you to get started right now.

This is "tough love" with oneself, I suppose. Certainly, many of us have heard this advice as we were growing up. It was couched in terms of "maturity" and the "responsibilities of adulthood". These were often expressions of tough love, too. This was advice from adults in our lives who were trying to nurture fortitude and realism with respect to willpower.

In sum, the strategy I am advocating for dealing with our bias towards thinking we'll feel more like it tomorrow is knowing that this is a common problem with being human. We are not very good at predicting how we will feel in the future. We are overly optimistic, and our optimism comes crashing down when tomorrow comes. When our mood sours, we end up where I started in the last chapter, giving in to feel good. We procrastinate.

The problem is pretty obvious, as is the solution: *Let go of the misconception that our motivational state must match the task at hand.* In fact, social psychologists have demonstrated that attitudes follow behaviors more than (or at least as much as) behaviors follow attitudes. When you start to act on your intention as intended, you will see your attitude and motivation change.

This gets me a little bit ahead of our story, however. For now, let's keep the focus on the mantra for this chapter: "I won't feel more like doing it tomorrow."

Chapter 5

Excuses and Self-Deception: How Our Thinking Contributes to Our Procrastination

[I need to be aware of my rationalizations.]

ALLAN LAMENTED HIS PROCRASTINATION to anyone who would listen, but nothing seemed to change. His friends recognized him as the master of excuses, although Allan didn't acknowledge his own hidden talents here. He was truly the "Teflon guy" when it came to being accountable, even to himself. Nothing stuck to him. There was always an excuse for waiting another day, and there was always an excuse for being off task.

It's not due for weeks.

I can do that work in a few hours.

I work better under pressure.

Of course, another day always became another, and soon weeks or months passed without progress. Why can't Allan see how he was just rationalizing this needless delay?

Issue

In addition to understanding our basic impulse to "give in to feel good" (see Chapter 3) and "not really feel more like doing it tomorrow" (see Chapter 4), we need to consider some of the biases in our thinking. There are a number of very important issues to consider, including the human tendency to:

1. discount future rewards in relation to short-term rewards,
2. underestimate the time things will take and overestimate how much we can do,
3. prefer tomorrow over today,
4. self-handicap to protect self-esteem,
5. think irrationally about the task at hand and our ability to accomplish the task, and
6. manufacture our own happiness by changing our thinking to be consistent with our behavior.

Books have been written about each of these topics, but true to the digest nature of this book (and the promise to provide you with what you need now), I have summarized each of these problems in our thinking below. Of course, this is followed by strategies for change.

Discounting Future Rewards over Short-Term Rewards

Future rewards, particularly those in the more distant future, seem smaller in size. It is as if we are looking at a picture of a distant mountain and assume that it is actually small. We do not seem to have perspective for size when time is involved. This is the notion of discounting future rewards, also known as *temporal discounting*.

The problem is that future rewards seem less attractive to us than immediately available ones. I guess this should not surprise us too much. From an evolutionary perspective, a bird in the hand is worth two in the bush. Our brains seem programmed to prefer immediate rewards. This stone-age brain is not so adaptive in our modern world, where we need to meet distant deadlines by doing things today.

The Planning Fallacy

It is also human nature to be overly optimistic. We assume we can get more done in less time than is reasonable, and we assume tasks will take less time than they usually do. This is at the heart of the issue—we are not really thinking about how long things usually take based on experience. We focus on the *singular* event we are facing without taking into account *distributive* information about past experience or similar events. What results from this optimistic bias is poor planning.

Self-Handicapping to Protect Self

To self-handicap is to provide an excuse for oneself. For example, if you were to wear weighted shoes and have a running race with a friend, your ability or competence as a runner would never come into question. If you lose the race, it was the fault of the handicap, the heavy shoes. If you win the race, however, that is extraordinary meritorious. It is win-win for the individual's sense of self. Certainly, self-esteem is never threatened.

A similar situation can arise with procrastination. To the extent that we delay work on a task to the last moment, we can be creating another form of self-handicapping. As with the running race, a task done at the last minute can be excused if not done well because it was done in such a short amount of time. And, of course, if the task is done very well, it looks exceptionally good for the individual.

This implies that the needless delay of a task that we defined as procrastination may in fact fill a need. It can protect self-esteem, and experimental research evidence by Joseph Ferrari (DePaul University) indicates that chronic procrastinators in particular prefer not to have feedback about self if they have the choice. Of course, delay of this sort has begged the question of whether this is truly procrastination at all, because it can be seen as a strategic use of delay, but it is worth including here just to acknowledge that we can end up delaying our tasks for reasons that may not at first seem apparent.

Preferring Tomorrow over Today

Here is an example of a relation that we all understand: If B is greater than A, and C is greater than B, then we can assume that C is also greater than A. This is known as a *transitive relation*.

What about this example? Imagine a task is due on Friday. It is now Monday morning. It is preferable to work on this task Tuesday as opposed to Monday. In other words, the preference for Tuesday is greater than the preference for Monday. Tuesday arrives. Ah, it's preferable to work on this on Wednesday as opposed to Tuesday. Wednesday arrives. Again, it's preferable to work on this Thursday instead of Wednesday. So far, so good; these are transitive relations. Then, Thursday arrives. Oops, we think, it is now preferable that we had begun on Monday. This is known as an *intransitive preference.* Chrisoula Andreou, a philosopher at the University of Utah, has argued that when it comes to procrastination, this is a common problem with our thinking.

Certainly, many health behaviors and retirement savings plans suffer from this problem with our reasoning. It comes to a point where tomorrow is not only less preferred, but that an earlier date is actually the preferred date (and it is now too late to act).

Many of us know this relation from experience. Studies from our research group also bear this out. We get a reversal of our preferences that makes for an intransitive preference structure. The problem is that the intransitive nature of this preference structure works against us in the long run. Tomorrow is not as preferable as we once thought.

Our Irrational Thoughts

We often believe things to be true that are not. We do not challenge these beliefs with any reality testing, so they persist. For example, we might believe that we cannot make any mistakes or that we have to be able to answer any and every question after a presentation. We might believe we need to be perfect. We might think that our whole self-worth is dependent upon our career success. All of these are examples of irrational thoughts, and they are very common and problematic. They can lead us to experience very negative emotions, and they provide an excuse for not trying. For example, if we are fearful that we cannot do a task perfectly and that our self-worth depends on this perfect performance, then we may avoid the task to protect our self-esteem. We procrastinate.

Manufacturing Our Own Happiness and Resolving Internal Conflict

When our actions and beliefs or even two beliefs are in conflict, they are dissonant. Psychologists call this *cognitive dissonance.* Dissonance is uncomfortable. We want to alleviate this negative state.

When we intend to act, when we have a goal toward which we have made an intention to act, and we do not act (voluntarily and quite irrationally choosing to delay action despite knowing this may affect us negatively), we experience dissonance. This dissonance is one of the costs of procrastination.

Here are a few typical reactions that researchers have catalogued as responses to dissonance (and ways that we reduce this dissonance).

1. Distraction—we divert our attention away from dissonant cognitions and avoid the negative affective state caused by dissonance.

2. Forgetting—can be in two forms, passive and active.

Passive is often the case with unimportant thoughts, while we may have to actively suppress important cognitions that are causing dissonance.

3. Trivialization—involves changing beliefs to reduce the importance of the dissonance—creating thoughts or beliefs.

4. Self-affirmation—creates a focus on our core values and other qualities that reasserts our sense of self and integrity despite the dissonance.

5. Denial of responsibility—allows us to distance ourselves as a causal agent in the dissonance.

6. Adding consonant cognitions—often by seeking out new information that supports our position (e.g., "this isn't procrastination"; "I need more information before I can do anything on this project").

7. Making downward counterfactuals—"it could have been worse"—so we don't learn anything, we just feel better in the short term.

8. Changing behavior—to better align with our beliefs and values. This means that we would act instead of procrastinating, although changing one's behavior requires effort and is often not the most convenient way to reduce dissonance.

We are quite expert at employing these strategies to keep buoyant day-to-day. We manufacture our own happiness. It is part of our coping mechanisms.

That said, not all coping mechanisms are adaptive. Quite consistently, research has demonstrated that techniques like distraction, forgetting, trivialization, and denial of responsibility are emotion-focused strategies that are not nearly as effective in the long term as planful problem-solving strategies. Yes, we have to take care of our emotions, but this cannot be where the coping stops. If it is, that is just another instance of giving in to feel good, and we will pay in the long run if this is our dominant short-term strategy.

The Myth of the Arousal Procrastinator

We often hear this: I work better under pressure. This thinking reflects a sensation seeker of sorts: someone who thrives on pressure. The thing is, our research has shown that this is a myth, at least for the majority of people. Sensation seeking is not related to procrastination, and time pressure typically results in more errors.

Although many people use the excuse that they work better under pressure to explain their needless task delay, it clearly falls into the category above as an example of a rationalization for the dissonance we feel when we fail to act when intended.

Perhaps a more accurate way to rephrase this oft-heard expression is that "we work better under pressure." Why? Most probably because of the mistaken belief, presented in Chapter 4, that our motivational state must match the task at hand. When we do not feel motivated to work on a task, we put it off until finally the external time pressure to do the task motivates action (typically so late that a poorer overall performance is the result).

STRATEGIES FOR CHANGE

I have briefly summarized a number of important biases in our thinking that can get us in trouble. On the one hand, we tend to be overly optimistic about the future and minimize the importance of more distant goals. On the other hand, when it finally comes down to doing something, we prefer tomorrow over today and make excuses about not working to make ourselves feel better. Given these psychological processes, change here is not a simple thing, but it is possible.

Knowledge is power. Recognizing that it is human nature to have these biases, and more importantly, identifying specifically what we tend to do can be the beginning of change. For example, if we typically say something like "Ah, it's not that important" (trivialization of the goal) or "There's lots of time yet, I'd prefer to do it tomorrow" (planning fallacy and intransitive preferences), we can learn to make these "flags", or signals for change.

By flag or signal, I mean that as soon as we say something like "There's lots of time, I can do this later", it acts as a trigger or stimulus for a new response. Remember the earlier example of this as an implementation intention? If we say "Ah, it's not that important", Then we stop and remind ourselves that this is a form of self-deception, a bias in our thinking, and we just get started on the task instead.

This form of implementation intention puts a cue in the situation (even in our thinking) to help us break a habit. The thought becomes the stimulus for a different response. We break our habitual way of responding. We begin to break that pernicious procrastination habit.

The takeaway for this chapter in terms of what you might do now is to use the space below (or a separate sheet of paper or your computer) to list the things that you commonly say or do to justify your procrastination. You may need to compile this list over the next few days or weeks. The key thing is to learn to recognize how you are reasoning and rationalizing the voluntary, unnecessary delays in your life. Each of these statements can become your own flags to signal a new response.

My typical excuses for rationalizing a needless delay are:

____

____

____

____

____

____

____

If these are your typical rationalizations or excuses for needless task delay, what will your new response be?

In the next chapter, you will see that I think the important step is "just get started". So my standard implementation intention is "If I say something to myself like 'Oh, I'll feel more like doing this tomorrow', I will catch myself in this self-deception and add 'Then I will just get started on the task'" instead.

It works. You'd be surprised. In the next chapter, I explain why.

Chapter 6

The Power of Getting Started

[Just get started.]

I DON'T HAVE TO LOOK very far for a story about this topic. My own life supplies many examples daily. When I face a task that I find aversive, a task I simply don't want to do, a task that I find boring or tedious, or even a task for which I have doubts about my competence, it is tempting to walk away. I want to procrastinate. I find myself saying things like this to myself, "I'll feel more like doing this later." This is a flag for me. It is a signal that I have learned to identify that I am just about to procrastinate. At that very moment, I use this signal to just get started. I will immediately start on anything related to the task at hand. Let's explore why this is so important.

Issue

Once we start a task, it is rarely as bad as we think. Our

research showed us that getting started changes our perceptions of a task. It can also change our perception of ourselves in important ways.

In a series of studies, my students and I used electronic pagers to gather what is called experience-sampling data. We paged research participants randomly throughout the day over a week or two. Each time we paged them, we asked things like: "What are you doing?" "Is there something else you should be doing?" "How are you feeling?" "What are you thinking?" In addition, depending on the study, we asked the participants to rate what they were doing and what they were supposed to be doing on things like how stressful they perceived the task to be. A rating of 10 indicated extremely stressful, while a zero meant not stressful at all (and all points in between reflected the variability).

This type of data allowed us to take a sort of snapshot through time of what the participants were doing. Importantly, we also got a real-time glimpse of what they were thinking and feeling . Some of our findings were expected. Some surprised us. I have summarized these findings by simplifying the research as a Monday-to-Friday process and by focusing mainly on the task avoidance.

As expected, on Monday when participants were avoiding some task(s) (e.g., working on an assignment) in preference to other activities (e.g., hanging out with friends), we found that they typically said things like "I'll feel more like doing that tomorrow" or "Not today. I work better under pressure." As you learned in the previous chapter, we rationalize the dissonance between our behaviors (not doing) and our expectations of ourselves ("I should be doing this now"). Of course, later in the week, none of the participants spontaneously said things like "I feel like doing that [avoided task] today" or "I'm glad I waited until tonight, because I work better like this."

Surprisingly, we found a change in the participants' perceptions of their tasks. On Monday, the dreaded, avoided task was perceived as very stressful, difficult, and unpleasant. On Thursday (or the wee hours of Friday morning), once they had actually engaged in the task they had avoided all week, their perceptions changed. The ratings of task stressfulness, difficulty and unpleasantness decreased significantly.

What did we learn? Once we start a task, it is rarely as bad as we think. In fact, many participants made comments when we paged them during their last-minute efforts that they wished they had started earlier—the task was actually interesting, and they thought they could do a better job with a little more time.

Just get started. That is the moral here. Once we start, our attributions of the task change. Based on other research, we know that our attributions about ourselves change too. First, once we get started, as summarized above, we perceive the task as much less aversive than we do when we are avoiding it. Second, even if we do not finish the task, we *have* done something, and the next day our attributions about ourselves are not nearly as negative. We feel more in control and more optimistic. You might even say we have a little momentum.

Research by Ken Sheldon (University of Missouri, Columbia) also demonstrates that progress on our goals makes an important difference. Progress on our goals makes us feel happier and more satisfied with life. Interestingly, positive emotions have the potential to motivate goal-directed behaviors and volitional processes (e.g., self-regulation to stay on task) that are necessary for further goal progress or attainment. Very clearly we can see how if we "prime the pump" by making some progress on our goals, the resulting increase in our subjective well-being enhances further action and progress.

Of course, this simple advice is not the whole solution to the procrastination puzzle, but it is a crucial first step towards solving it and decreasing our procrastination. In the next chapter, I take us past this initial step.

STRATEGY FOR CHANGE

When you find yourself thinking things like,

"I'll feel more like doing this tomorrow, "

"I work better under pressure,"

"There's lots of time left,"

"I can do this in a few hours tonight"

. . .

Let that be a flag or signal or stimulus to recognize that you are about to needlessly delay the task, and let it also be the stimulus to just get started. This is another instance of that "if . . . then" type of implementation intention.

I've raised the notion of an implementation intention a few times already, but I have not provided details about what it is. As defined in the well-developed psychology of action created by Peter Gollwitzer (University of New York), an implementation intention supports a goal intention by setting out in advance when, where and how we will achieve this goal (or at least a sub-goal within the larger goal or task).

It is not as effective to make ourselves a "to do" list of goal intentions as it is to decide how, when and where we are going to accomplish each of the tasks we need to get done. There is an accumulating body of research by Peter Gollwitzer and his colleagues that demonstrates the efficacy of implementation intentions for initiating behaviors, including following through on the intentions to take vitamins, participating in regular physical activity after surgery, and acting on environmentally minded intentions such as purchasing organically grown foods. In short, implementation intentions are a powerful tool to move from a goal intention to an action.

As I have outlined in earlier chapters, these implementation intentions take the form of "if. . . then" statements. The "if" part of the statement sets out some stimulus for action. The "then" portion describes the action itself. The issue here really is one of a *predecision*. We are trying to delegate the control over the initiation of our behavior to a specified situation without requiring conscious decision.

> **IF** I say to myself things like, "I' ll feel more like doing this later." or "I don' t feel like doing this now." **THEN** I will just get started on some aspect of the task.

Notice that we are *not* using the famous Nike slogan of "Just do it!" It's about *just getting started*. The "doing it" will take care of itself once we get going. If we think about "just doing it", we risk getting overwhelmed with all there is to do. If we just take a first step, that is much easier.

As a strategy, you may find that you have to just get started many times throughout the day, even on the same task. This is common. Even in meditation, we have to gently bring our attention back to our focal point, whatever that may be (e.g., our breath, a mantra). The thing to remember is that just getting started may happen many times in a day.

All of our procrastination gets stopped short when we just get started. It is not the whole solution by any means, but it is a huge and crucial first step. As is commonly said, "A job begun, is a job half done."

It is tempting to run away from this strategy, to criticize it because it is exactly your problem. You are not able to get started.

Not so. You *think* you are not able to get started, probably because you are focused on your feelings (which are negative), and you are thinking about the whole task, about "getting it done" as opposed to "getting started". The trick is to find something that you can get started on.

Keep it really simple. Keep it as concrete as possible too. Research by Sean McCrea (University of Konstanz) and his colleagues has shown that thinking abstractly about our goals leads us to believe that they are not that urgent or pressing. More concrete thoughts about your goal or task, more concrete plans, lead to more timely action. In other words, more concrete plans will help you to just get started.

An implementation intention helps you get started. It is your predecision so that you do not get caught up in thinking, choosing, deciding. You have already made the decision. Now is the time to act.

Here is a common example from an academic context: When facing a writing task, perhaps a term paper, it is possible to just sit and stare at a blank computer screen. As you do, anxiety builds, and pretty soon you are giving in to feel good. You are away from your desk another day, and guilt is building fast.

So instead of staring at that blank screen, start typing. Start with a title page. Put your name on it. Add the title if you know it, at least something as a working title. Begin your reference page if you are still not ready to write. Begin jotting down ideas about what you would write about if you could write. You do not have to write sentences, but you can if they come. The thing is, you are now actually working on the task. It is rough, but everything begins that way, rough. Carpenters rough-frame houses. Sculptors carve and shape rough surfaces into smooth ones. Farmers disk and harrow rough, plowed fields into fields ready for planting. We are always starting somewhere to work towards the finished product.

The other way to think about this is the old saying that "a journey of a thousand miles begins with a single step." Take that first step. Just get started. It can make all the difference.

Honestly, if you are not ready to make this first step, to just get started on a day-to-day, moment-to-moment basis, then put this book down now. You are not committed to change yet, and nothing else I have to say will matter in your self-change. Don't get me wrong, I am not trying to discourage you. I am just being honest.

I will tell you more about other strategies, the role of willpower and even the effects of our personalities on procrastination in upcoming chapters, but you must know that it will always come down to that precipitous moment when you just get started. It will always come down to that movement from not doing to doing. For tasks that we would rather avoid, this is a difficult but wonderful moment.

So we are back to where I began the chapter, with the mantra "Just get started." To this I have added a couple of other phrases that you might want to use as your own personal mantra. These are: "Prime the pump"; "A job begun is a job half done"; and "A journey of a thousand miles begins with a single step."

In the table that follows (or as a thought experiment), pick a task (or goal) that you are procrastinating on and that is really bothering you. Write down as many of the subtasks that you can think

of that are required to get this task done. Now you might use the first column to indicate which subtask is your priority or which subtask makes the most sense for you to complete first. This is the place to just get started. However, even with this list of tasks, you may not know how to proceed. This is simply a reality, and it may not be possible to be completely rational in your approach, but you can still get started. Pick a task, any task, and let that suffice. You may even have to flail around a bit, but if you get started, at least you will find your way. Not starting will guarantee that you will remain stuck. You can take this approach for just about any goal or task that you have.

In fact, when you just cannot seem to get started on a task, get started by breaking down the task into sub tasks. But don't stop there, as tempting as it may be some days. It is true for many of us that after we make a list like this, we feel better and we think we have accomplished something, so we actually stop—another excuse for procrastination. Don't forget: The purpose of that list is to get you started.

Just get started.

Goal or Task:

PRIORITY OR ORDER OF COMPLETION	LIST OF SUBTASKS

Chapter 7

Why Getting Started Isn't the Whole Solution

[I need to be prepared to deal with distractions, obstacles, and setbacks.]

Hans has really been taking his "stop procrastinating" goal to heart. Today, rather than put off work on his report as he typically has, he just got started. He was surprised at how good he felt. He even felt optimistic about the results. Then, about forty-five minutes into his work, the phone rang. Bruce, a friend that Hans sees daily, was calling with an invitation to play squash. Bruce's expected partner cancelled at the last minute, so Bruce was hoping Hans would fill in even though they had played the day before. Although Hans intended to work through the afternoon, to make up for time he's already lost, he felt like things were under control now, so he told Bruce he would meet him at 12:30 at the gym.

Issue

In the scenario above, Hans' goal was his report, and he made the key first step of getting started. In fact, the night before, Hans had made an implementation intention to begin his work right after he finished breakfast, and he did. He made his predecision with: "If breakfast is done, then I will immediately go to my desk and start working on the third section of my report." Note that he had a concrete task for his action with the "third section" of the report, a section that he felt would be an easy place to begin, even though it was not the beginning of the report itself.

He felt very good about finally doing this. At the very least, there is usually a sense of relief when we get to an avoided task. Unfortunately, these good feelings can be a little bit of a trap for us. They can make us feel overly optimistic, and some of our biases in planning and thinking may begin to emerge. In fact, Hans felt his mind begin to wander, and typical thoughts emerged when he was even a little bit stuck in his progress. At one point when he hit a tough spot in the writing, he caught himself thinking, "Ah, that's enough for today. I'll feel more like doing this part tomorrow." In fact, he was somewhat relieved when Bruce called. It seemed a perfect excuse to stop. Certainly, exercise is important in life, too, he thought.

What this means in terms of more successful goal pursuit is that we have to recognize other points at which we typically abandon our goal pursuit. We have to be prepared to address each of these as they arise; otherwise we will fall back into habitual ways of responding. If you tend to procrastinate more often than you like, then your habitual response will be to find some way to avoid the task at hand.

Procrastination is not just a failure to get started. We can face a variety of problems and needlessly delay action at many stages of goal pursuit. Our feelings may still threaten to derail us. Distractions abound, and it is easy to replace one intention with another, even if just for a minute. And in all of this we can find ways to justify this to ourselves.

In the scenario above, the squash invitation can be seen as an unnecessary disruption given how regularly Hans sees his friend, as well as Hans' intention to work today. Perhaps a more common example for those of us working at our computers is becoming distracted and putting off the task at hand by checking email or surfing the Web. I know from my own research that Internet technologies in particular are potent distracters, as "it will only take a minute to check my email," and then hours later you find you are still off task. I discuss this in more detail in Chapter 10.

What this means is that we cannot simply depend on our goal intentions, no matter how deeply committed we might be, to keep our volitional actions on track. We have to be prepared to deal with changes in our mood related to setbacks and disappointments. We have to be prepared to deal with distractions. We have to be prepared to overcome obstacles.

Given the ongoing challenges to our goal pursuit, we would benefit from implementation intentions related to the potential distractions and obstacles ahead. We can make predecisions to help us here, too.

STRATEGIES FOR CHANGE

There are two main approaches to predecisions regarding potential distractions. The first involves reducing the number of distractions before we begin to work. The second approach takes us back to implementation intentions to help us decide ahead of time what we will do when distractions, obstacles, or setbacks arise. I outline each of these below.

Minimizing Distractions

Different things distract each of us. Some people cannot work with a radio on in the background or in a noisy room. Others, more extroverted personalities, need that background noise. This means that we have to think about what our typical distractions are.

In a world dominated by computer-related tasks and jobs, certainly some of these distractions are other activities on the computer such as games, social-networking tools, Web searches, or even just email. I discuss these potent distractions under Internet procrastination in the final chapter. For now, I would just add them to our list of potential distractions or obstacles.

The key to this strategy of minimizing distractions is to *be proactive*. Before you begin to work, make sure that you have removed these potential distractions. This might include: shutting your door, shutting off the ringer on the phone, shutting off your cell phone (text messaging is a chronic distraction for many people), shutting down social-networking tools (Facebook, Myspace, Twitter, whatever you use), and removing potentially distracting things from your work space (e.g., magazines, newspapers.).

If you reread the paragraph above, you will note that "shutting" was a key verb. You are shutting yourself away from distractions to

help maintain your attention and focus on your intended task. This is your predecision to help you work.

Of course, you cannot anticipate *every* distraction, obstacle, or setback in your work. For example, Hans did not expect Bruce to call with the invitation to play squash. You will need another strategy to deal with distractions, as they arise. That is the purpose of implementation intentions.

Implementation Intentions

Implementation intentions can work to shield our intentions from competing possibilities as they can take the form of "if. . .then" statements that anticipate distractions. In fact, experimental research by Peter Gollwitzer and his colleagues have shown that participants who formed temptation-inhibiting implementation intentions outperformed the groups who did not. Importantly, this effect was independent of the participants' motivation to achieve the goal and to ignore distractions.

Implementation intentions have effects over and above

our motivation to succeed. This is important. Commitment and motivation alone will not always get us through.

It is time to think about your main procrastinated task(s) again. In the table that follows (or as a thought experiment), list the kind of distractions and obstacles that have resulted in further procrastination even when you have actually been working on the task. For each of these, note whether you can remove it prior to task engagement, and/or add an implementation intention as your predecision about how you will act when these arise in the future.

DISTRACTION, OBSTACLE OR SETBACK	REMOVE PROACTIVELY?	IMPLEMENTATION INTENTION
Example: Email	Yes, shut it off before I work.	
Example: Friends' invitations		**IF** my friends call to invite me out this weekend, **THEN** I will immediately say, "thanks but no, I'm committed to finishing my work."
Example: Stuck on my work and don't know what to do		**IF** I get stuck, confused, and worried because I don't know what to do, **THEN** I will stay put and list what I do know to be sure what it is I don't know. Once I know this, I can seek help if needed. I won't give up.

Chapter 8

Willpower, It's Willpower: If We Only Had the Willpower

[Willpower is a limited resource that I need to use strategically.]

RACHEL'S EXERCISE GOAL wasn't becoming a reality. Given her very early start each day to get the kids off to school and out to work herself, she put aside time after dinner to get on the treadmill. However, after an exhausting day in her law firm along with the day-to-day challenges of orchestrating school, day-care schedules, and the many household chores she shares with her husband, she couldn't seem to muster the "get up and go" to get up and go. She was frustrated. She just didn't seem to have the willpower to get off the couch. Every night she put it off again, hoping tomorrow would be different.

Issue

Willpower is a limited resource. I think many of us know this from experience. Roy Baumeister (Florida State University), as well as his students and colleagues, have demonstrated this in a series of clever experiments. It is worth reviewing these to make the point.

In the typical experiment, research participants are randomly assigned to one of two groups. Both groups expect that they will participate in two tasks, but there is an important difference between the groups in terms of the self-regulation demanded of them in the first task.

In the first task, the participants in the *experimental* group would be required to self-regulate a great deal, whereas the participants in the *control* group would be simply asked to do the task. For example, participants in both groups may be asked to watch a funny film, but the participants in the experimental group are required to self-regulate by suppressing their emotional expression while the participants assigned to the control group are given no specific instructions about how to react. In a similar study, participants in both groups arrive hungry, but the experimental group is instructed to eat radishes while resisting a tempting plate of cookies, whereas the control group is allowed to eat the cookies or the radishes (you guess which is more popular). In each of these experiments, the participants in the experimental group exercise self-regulation, while the participants in the control group do not.

Once this first task is completed, both groups are asked to complete a second task that involves self-regulation. Participants in both groups need to self-regulate their behavior to achieve success, and the key outcome measure is how persistent participants in each group are. For example, typical second tasks include things like complex figure tracing, solving complex anagrams, drinking an unpleasant (but not harmful) "sports drink," and, my favorite, resisting drinking free beer (a driving test is expected to follow). The main idea is that this second task requires self-regulation, and the hypothesis is that the participants in the experimental group will perform more poorly (not persist as long) because they have already exhausted their ability to self-regulate.

The findings of these studies consistently demonstrate that the participants in the experimental group perform at a lower level than the control group. Given the difference in the self-regulatory demands of the first task, the researchers conclude that the participants in the experimental group have exhausted their self-regulatory strength, at least temporarily, and therefore are unable to muster the self-regulation required for the second task.

In a practical real-life example of this, one study showed that after coping with a stressful day at work, people were less likely to exercise and more likely to do something more passive like watching television. This takes us back to where we began with Rachel. No wonder she cannot muster the "get up and go" to exercise. She has exhausted her willpower.

Strengthening Our Willpower—The Role of Motivation

The self-regulatory impairments I discussed in the research above are eliminated or reduced when participants are highly motivated to self-regulate on the second task. For example, when participants are paid for doing well on the second task or they are convinced that their performance will have social benefits, they perform well despite the apparent self-regulatory exhaustion from the first task.

The key thing about these findings is that they indicates that self-regulatory depletion may be reducing motivation. Given that depleted self-regulatory strength may leave us feeling like we won't succeed, "we're too tired to try," it may be that the reduced expectancy of success undermines our willingness to exert effort. It's not that we are so impaired that we cannot respond. It's that we "don't want to do it".

Sound familiar? "I'll feel more like it tomorrow." This is a common phrase we use to rationalize our procrastination. Perhaps it simply captures our perceptions of self-regulatory strength at the moment. Of course, it is a perception and, I argue, at least partly an illusion. It's about our motivation to muster the self-regulatory effort—unwilling perhaps, not unable.

From this perspective, what we see is that we may fail to self-regulate because we acquiesce. In the case of procrastination, we find resisting the urge to do something else (an alternative intention) impossible to resist, so we give up and give in.

STRATEGIES FOR CHANGE

We all feel depleted throughout the day. We all have moments that we think, "I'm exhausted and I just can't do anymore" or "I'll feel more like this tomorrow." This is true; this is how we are feeling at the moment. However, successful goal pursuit often depends on us moving past these momentary feelings of depletion.

Given the role of motivation in self-regulatory failure, it is crucial to acknowledge the role of higher-order thought in this process, particularly the ability to *transcend the feelings at the moment* in order to focus on our overall goals and values. In the absence of cues to signal the need for self-regulation, we may give in to feel good, and give up trying again.

It is exactly when we say to ourselves "I'll feel more like it tomorrow" that we have to stop, take a breath, and think about why we intended to do the task today. Why is it important to us? What benefit is there in making the effort now? How will this help us achieve our goal?

From there, if we can muster the volitional strength for one more step, that is to *"just get started,"* we will find that we had more self-regulatory strength in reserve than we realized. Our perception can fool us at times, and this self-deception can really be our own worst enemy.

Here are some strategies that you might use to light the spark of willpower.

1. The "willpower is like a muscle" metaphor is a good fit, as the capacity for self-regulation can be increased with regular exercise. Even two weeks of self-regulatory exercise has improved research participants' self-regulatory stamina. So take on some small self-regulatory task and stick to it. This can be as simple as deliberately maintaining good posture or using your non-dominant hand to eat. The key element is to exercise your self-discipline. You don' t need to start big, just be consistent and mindful of your focus. Slowly, you will be strengthening your "willpower muscle".

2. Sleep and rest also help us to restore the ability to self-regulate. If you seem to be at the end of your rope, unable to cope and unwilling to do the next task, first ask yourself if you are getting enough sleep: Seven or eight hours of sleep are important for most of us to function well.

3. A corollary to sleep and rest is that self-regulation later in the day is less effective. Be as strategic as possible, and don' t look to exercise feats of willpower later in the day. (Rachel may have to rethink the timing of her workout or use alternative strategies, suggested below, to help her get off the couch when she is already "running on empty".)

4. A boost of positive emotion has been shown to eliminate self-regulatory impairment. Find things, people, or events that make you feel good to replenish your willpower strength.

5. Implementation intentions can be added to this list of willpower boosters. Make an implementation intention as a plan for action. As you know, this takes a specific form: "In situation X, I will do behavior Y to achieve my goal Z" ; or "If this happens,

then I' ll do this" (anticipating possible obstacles to your goal pursuit). The effect of these intentions is to put the stimulus for action into the environment and make the control of behavior a nonconscious process. A couple of studies have now demonstrated that the automatic nature of the effects of implementation intentions counters the effects of self-regulatory depletion. Let' s take the example where research participants had to control their emotions during a humorous movie (suppressing their laughter). As you will recall, they are usually less capable of doing a subsequent experimental task that requires self-regulatory strength such as solving a series of anagrams. However, for participants randomly assigned to an "if-then" implementation intention manipulation, who prepared by saying to themselves, "If I solve an anagram, then I will immediately start to work on the next one," this depletion effect was eliminated (they solved as many anagrams as the group who were not depleted beforehand). This is an interesting result with clear implications for how we can strengthen our flagging willpower at the end of a long day. *An implementation intention may well be the thing that gets you to exercise in the evening, even though you usually feel much too tired to begin.* Note: This research underscores my focus on just get started. I think Rachel might be more successful with her evening exercise if she had the implementation intention of "If the kids are in bed, then I will go directly to the treadmill." Once she starts, she might discover that she has the motivation and energy that she wants.

6. Self-regulation appears to depend on available blood glucose. In some studies, even a single act of self-regulation has been shown

to reduce the amount of available glucose in the bloodstream, impairing later self-regulatory attempts. Interestingly, just a drink of sugar-sweetened lemonade eliminated this self-regulatory depletion in experiments. Even though this research hasn' t always replicated, the message is clear: Don' t get hypoglycemic; your self-regulation will suffer. Keep some fruits (complex carbohydrate) handy to restore blood glucose.

7. Be aware that social situations can require more self-regulation and effort than you may think. For example, if you are typically an introverted person but you have to act extroverted, or you have to suppress your desired reaction (scream at your boss) in favor of what is deemed more socially acceptable (acquiesce again to unreasonable demands), you will deplete your willpower for subsequent action. These social interactions may even make it more likely that you will say or do something you will regret in subsequent interactions. Getting along with others requires self-regulation, so you will need to think about points 1-6 to be best prepared to deal with demanding social situations.

8. Finally, so much of our ability to self-regulate depends on our motivation. Even on an empty stomach, exhausted from not enough sleep and pushed to the limit for self-regulation, we can muster the willpower to continue to act appropriately. It is difficult, but it can be done, particularly if we focus on our values and goals to keep perspective on more than just the present moment. In doing this, we can transcend the immediate (and temporary) feelings we are having to keep from giving in to feel good, which lies at the heart of so much self-regulatory failure.

Chapter 9

What's Bred in the Bone: Personality and Procrastination

[My personality might put me at risk, but I can adapt.]

FIONA AND DAVID have been married for more than 10 years now. Fiona's friends describe her as organized. Typically, she's the planner in their group, and they know that they can really count on her. When there's something to be done, she does it right away. David sets high standards for himself. He is also very self-critical. He seems to hear his parents' voices echo in his mind whenever he approaches a task, saying,"It could be better." When faced with a task, David always seems reluctant to get started. Fiona and David are very similar in household (they are both quite particular, even fussy), but they can drive each other crazy at times when it comes to scheduling and doing tasks.

Issue

The example above highlights the notion of individual

differences. We might think of Fiona as conscientious and David as a perfectionist. This approach to personality is based on the concept of personality traits.

Traits are terms that psychologists use to summarize the way we typically act. Traits describe something about how we expect a person to act in most situations. Of course, how we actually behave depends on both personality and situation, but for the moment, I want to focus on personality traits.

Certainly, procrastination has been shown to be related to personality traits. Some people are more prone to procrastinate, and a contributing factor is personality. This is particularly true when the situational pressures to engage in a task in a timely manner are not strong. When the situation is not pushing us to act in a certain way (for example, a supervisor actually monitoring our actions), our personality will have a great deal of influence on our behavior.

The examples above provide two common traits related to procrastination, but in different directions. Fiona's conscientiousness—that is, the fact that she is typically organized, planful, and dutiful—is a trait that is highly *negatively* related to procrastination. The more we are conscientious, the less we typically procrastinate.

In contrast, David is an example of a socially prescribed perfectionist. Yes, there are different varieties or types of perfectionism. The one we need to focus on is the socially prescribed perfectionist, because it is most strongly related to procrastination. Socially prescribed perfectionists believe that others hold unrealistic expectations for their behavior and that they cannot live up to these expectations. They experience external pressure to be perfect and believe that others evaluate them critically. This leads them to internalize these expectations and be self-critical as well that "little voice in David's head" is an example of this internalized criticism.

The difference between Fiona and David shows how personality can be a resilience or risk-factor for procrastination. We need to take this into account in our own lives.

Would you think that you have a procrastination-prone personality?

To answer this question, you need to have a little more information about which personality traits have been shown to be associated with procrastination. Some of the key traits that are related to procrastination are listed below. I just need to make one more comment before you review this list.

There are potentially thousands of personality traits. Personality psychologists have simplified these into a superstructure of traits known as the "Big Five" . Much like the three colors of the color wheel, the "Big Five" are said to be the primary traits. Other traits are a part of these five or a blend of them. You can remember the five traits with the mnemonic CANOE: Conscientiousness, Agreeableness, Neuroticism, Openness (to Experience) and Extraversion.

Of course, in a digest-type book, I cannot explain each of these in detail, and it is really not that important because our focus is on procrastination. Research pioneered by Henri Schouwenburg

(University of Groningen) and Clarry Lay (York University) has revealed that only two of these traits have meaningful relations with procrastination—Conscientiousness and Neuroticism (which is also known as Emotional Instability). I discuss these first, below.

The other traits that I discuss below are related to the Big Five traits, but I address them separately because they deserve special consideration given their relation to procrastination. For example, impulsiveness is sometimes discussed as part of low emotional stability, sometimes extraversion. In any case, it is not necessary to focus on these definitional issues. Just think of these traits as aspects of our personalities.

INSTRUCTIONS

For each of the traits below, rate yourself from "Not at all like me" to "Exactly like me" on how much you think this trait describes you.

1. Conscientiousness

Highly conscientious people are described as responsible, scrupulous, persevering and fussy or tidy. You can see how this trait is negatively associated with procrastination and might be considered a resilience factor against unnecessary delay. The various facets of the trait as measured in popular personality tests include: Competence (efficient), Order (organized), Dutifulness (not careless), Achievement striving (thorough), Self-discipline (not lazy), and Deliberation (not impulsive).

I am a very conscientious person.

1	2	3	4	5	6	7	8	9	10

Not at all like me *Exactly like me*

2. Emotional instability

Emotional instability is the alternative wording of the trait of Neuroticism. People who score high on emotional instability can be described as nervous, worrisome, or anxious. The various facets of the trait as measured in popular personality tests include: Anxiety (tense), Angry hostility (irritable), Depression (not contented), Self-consciousness (shy), Impulsive (moody), and Vulnerability (not self-confident).

Typically, I would consider that I am more neurotic or less emotionally stable than others.

1	2	3	4	5	6	7	8	9	10

Not at all like me *Exactly like me*

3. Impulsiveness

A person who scores high on impulsiveness tends to act before thinking. This trait reflects low self-control, especially in the presence of potentially rewarding activities. Impulsivity reflects less ability to consider the consequences of one' s actions.

Typically, I would say that I am very impulsive.

1	2	3	4	5	6	7	8	9	10

Not at all like me *Exactly like me*

4. Self-efficacy

This trait represents the belief that we are able to do what is necessary and can achieve a desired outcome. It reflects self-confidence and competence.

I feel that I am competent and have a great deal of self-efficacy.

1	2	3	4	5	6	7	8	9	10

Not at all like me *Exactly like me*

5. Self-esteem

Self-esteem is how we feel about ourselves. It is our appraisal of our self worth. Another way to think about it is the extent to which we perceive ourselves as being relatively close to being the people we want to be.

Generally, I feel very good about myself.

1	2	3	4	5	6	7	8	9	10

Not at all like me *Exactly like me*

6. Socially prescribed perfectionism

As I noted, socially-prescribed perfectionists believe that others hold unrealistic expectations for their behavior. They believe that others expect them to be perfect, and they can feel compelled to try to live up to these expectations.

I believe that significant others in my life expect me to be perfect.

1	2	3	4	5	6	7	8	9	10

Not at all like me *Exactly like me*

Now that you have reviewed some of the main personality traits that researchers have identified as traits associated with procrastination, you can see which is larger, your risk for or resilience to procrastination. To calculate each, you need to sum items together as listed below. For each item, write in the number you circled when reading above, then sum these for a total score out of a possible 30.

Personality Risk: Sum items #2___ + #3___ + #6 ___ = ___

(Emotional Instability, Impulsiveness, Perfectionism)

Personality Resilience: Sum items #1___+ #4___+ #5___=___

(Conscientiousness, Self-Efficacy, Self-Esteem)

This simple scale is not scientifically valid, but it does provide you with a rough estimate of your vulnerability to procrastination from a personality perspective. These scores provide an index in terms of how your personality is contributing to or protecting you from self-regulation failure. Of course, given that you are reading a book about procrastination, I might assume that you are more at risk than resilient. You may find that your risk score is quite a bit larger than your resilience score. The question is, what can you do about this?

STRATEGY FOR CHANGE

Personality presents an interesting challenge when we think about self-change. By definition, we consider personality as the relatively enduring characteristics of the individual. They are not easily changed.

However, we do not have to change our personalities to succeed. We can act counter to our dispositions or traits. For example, there are many introverted individuals who can function well socially, speak in front of crowds, and engage others effectively in the workplace. It does take strategic effort at times, but we are successful daily “acting out of character”.

It is important to acknowledge that some psychologists believe that acting out of character, counter to our traits and dispositions, can deplete our self-regulatory strength or willpower. As we discussed previously, willpower is a limited resource, so this is important to recognize. We will be investing our energies to act out of character to succeed. Everything noted earlier about bolstering our willpower will be important to take into account as you work to address your personality risk factors.

In terms of procrastination, it is possible to act out of character in terms of low conscientiousness or high impulsivity. The key thing is to be strategic, and as we have discussed, part of being strategic is making predecisions about how to respond before you face a situation. If you can be proactive like this, you will not rely so much on your personality and habitual ways of responding.

Remember the implementation intentions discussed earlier? These were intentions that rake the form of "In situation X, I will do behavior Y." Implementation intentions, as you may recall, are a form of predecision. You are deciding ahead of time what will be a stimulus for what response.

You may find implementation intentions useful again in terms of counter-acting a habitual response that is part of who you are as defined by these personality traits. For example, if you are rather impulsive, your predecision with an implementation intention might be "If an alternative intention arises, such as an invitation to go out, I will say that I will make my decision in 10 minutes." This built-in predecisional delay may help to counteract the typical impulsive response to just get going.

I think it is clear by now that the key issue is this predecision. Knowing a little bit about your personality traits that may put you at risk to procrastinate, you can now act on that knowledge by deciding in advance how you will counter this habitual response.

For example, if you are impulsive, it is particularly important to reduce distractions in the surrounding environment when you are trying to work. Impulsive people have more difficulty resisting these distractions, even with implementation intentions. So, as I discussed in the previous chapter, part of your predecisional process can be to eliminate or reduce the distractions before you get down to work.

Similarly, if you tend to be disorganized, deliberately working on structuring tasks can be very important to reducing procrastination. This can be as simple as creating a "to do" list of subtasks that help you see the steps you need to take. It can also be the more challenging job of organizing your work area so that it is not so cluttered. But be careful: Some of us use this tidy-up job as our way to procrastinate! Once the desk is tidied, pencils sharpened, and new software downloaded on to the computer, we think, "That's enough for today!" Procrastination draws on our ability to deceive ourselves. We find excuses for just about any unnecessary delay.

The strategies above address the issues of impulsivity and conscientiousness. What about the worry and anxiety that defines low emotional stability? What if we are worried that we don't have the ability to do the task? What if we cannot tolerate frustration? This seems more serious, right?

Yes, some of us are prone to worry and self-consciousness, and many of us have irrational beliefs that make us prone to procrastinate. Our procrastination may be based on a fear of failure, for example. The route to self-change, both in the short term behaviorally and the long term in terms of stable personality change, is to challenge your worries and beliefs as they arise. When a task triggers thoughts such as "I can't do this," "I'm such a screw up," "I don't know how," "I'm going to fail," it's absolutely essential that you challenge each of these beliefs. Why do you think they are true? What is the real risk of not succeeding when you try? Through this process, most of us realize that these are truly irrational thoughts, perhaps part of the habits we call personality, but not real in terms of the world around us.

In sum, I am arguing that these stable individual differences we call personality traits can contribute to our procrastination. We cannot make changes in these traits quickly or easily, but we can recognize our relative self-regulatory strengths and limitations. In doing this, we set ourselves up to act more proactively and consciously out of character as we may need to achieve our goals.

Perhaps most important to understand is that personality should not be an excuse. In fact, acknowledging and addressing our limitations can develop some of our greatest strengths.

Chapter 10

Cyberslacking on the Procrastination Superhighway

["It will only take a minute" puts me on a slippery slope toward procrastination.]

IT'S APPROACHING MIDNIGHT and Ari still hasn't started to work on his report, even though he sat down at his computer at 7 p.m. When he got to his desk earlier that evening, his intention had been to get to work, but he thought, "I'll just update my Facebook status—it will only take a minute." Now, hours later, he's still there.

Issue

I have included this short chapter because Internet-based technologies and other forms of technologically mediated communication, like smartphones, have created a whole new world of time wasting. There is little doubt that our best tools for productivity—computer technologies—are potentially also one of our greatest time wasters. In fact, the title of this chapter was taken from one of the published papers from our research group. In this paper, published more than a decade ago (long before social-networking tools became popular), our participants reported that 47 percent of their time online was spent procrastinating. I think this is a conservative estimate.

I doubt that I have to write very much to convince you that the Internet has the potential to waste time if you want it to. People I know bemoan this fact all the time. The best example I have in relation to this chapter is a reply to one of my *Psychology Today* blog posts. In response to the "it will only take a minute" theme, an anonymous reader wrote:

> I' m procrastinating...that' s why I' m here...I just google things I' m thinking about, like this...or like I hear someone hum a familiar tune, so I look up the song to know who sang it...I mean that LITERALLY takes a minute, but then that makes me google a couple other things and then it ends up lasting a lot more than a few minutes...and I honestly don't realize when I end up reading the wikipedia page of some random disease that some singers had that was related to the singer I was looking up. Wait, why was I looking him up? Oh right, because someone at my school was humming a song by him...oh right, school...essay due tomorrow, haven' t started.
>
> Like right now, I just realized...I' m commenting on an article...I wish I could read those articles about my essay and try to get 2000 words on paper in a day.

The thing is, we can end up wasting time even when we do not want to. This is the real problem, and one that we need to identify in order to make change.

I just want to be clear about something. I am not saying we cannot work and play online. Personally, I really enjoy these technologies—I use them intensively in fact—and I know we will see them grow in importance. What I am emphasizing is that we can waste time in unexpected and unanticipated ways with these technologies *when we don't want to.* This is the issue. These technologies are particularly problematic when it comes to self-regulation and self-regulation failure.

In the scenario above, Ari did plan to work on his report. He got to his desk as planned. What happened?

Ari made a rational decision over an irrationally short period of time. Although it is correct that it might take only a minute to "update my Facebook page", a minute later Ari faced the same decision. Of course, as we learned in Chapter 5, our thinking can let us down here. We can rationalize yet another minute of delay, as another minute will certainly not compromise the report writing. It is an intransitive preference at its best, isn't it? At midnight, Ari recognizes that it is preferable to act much sooner than he has (even though each minute prior to that, he preferred to delay just a little more).

This issue of rational decisions over irrationally short periods of time, combined with problems in our thinking like intransitive preferences,is not the only reasons that the Internet and social networking in particular are potentially so hazardous to our goal pursuit. There are other reasons that we are prone to procrastinate online.

1. One of the reasons that social networking is so rewarding is that

it fulfills a basic human need, at least at some level. That is the need for relatedness. We are social animals, and social networking makes sense.

2. Online social networking is also immediately rewarding. This is a potentially addictive combination—rewarding and immediate. In fact, there is a great deal written about Internet addictions. Although it is beyond the scope of my writing to delve into this topic, it is important to note that the powerfully addictive nature of the Internet contributes to the self-regulation failure that you now understand is at the heart of procrastination. It can undermine our best intentions.

3. A third reason that the Internet can be a problem for procrastination is that it is a ready distraction, which is particularly troublesome for those of us who are impulsive. In fact, it can be a problem for all of us because of so many "push technologies". For example, email and text messages are pushed to us throughout the day, so as we work, we can be constantly interrupted if we leave our email client and phone active in the background. These distractions can be exceptionally disruptive at moments when our on-task work is not going well. Then we are back to that "it will only take a minute to ... " and our goal pursuit ends in favor of tasks that we really are not choosing to do, at least not in the long run (although it can end up that way, to our detriment).

4. On top of all of this is the myth of multitasking. I say myth because despite popular beliefs, research indicates that only a very small percentage of people can actually multitask effectively. Humans have a very limited attentional channel. We are better off focused on one thing at a time. Tragic traffic accidents are only

one example of how potentially dangerous the myth of multitasking can be as texting drivers lose their focus on the road. The more mundane tragedy of multitasking is how we deceive ourselves into thinking that we are actually doing our work when in fact we are attending sporadically to our tasks in between email, social-networking updates, Internet searches, ecommerce and gaming.

STRATEGIES FOR CHANGE

Although I discuss the procrastination superhighway as a separate chapter in this book, the principles for change are not really that different. They may just be a whole lot less appealing. For example, we have already addressed the notion of minimizing distractions when we discussed impulsivity. Minimizing distractions is part of that predecision to keep us on task.

Minimizing distractions is an important part of curbing our online procrastination. To stay really connected to our goal pursuit, we need to disconnect from potential distractions like social networking tools. This means that we should not have Facebook, Twitter, email, or whatever your favorite suite of tools is running in the background on your computer or smartphone while you are working. Shut them off.

Ouch, I know—It is really tempting to find some excuse to keep it a "business as usual" approach here, but if you are committed to reducing your procrastination, this is something you really need to do. You need to shut off everything except the program you need on your computer to do the task at hand. This means you can plan your "e-breaks" more consciously—again, this is an example of predecisions that help us break unconscious habits. Procrastination is certainly a habit for many of us.

This strategy of reducing distractions makes it more obvious when you are turning away from your goal pursuit to pursue some other task. Your alternative and potentially rewarding alternative tasks are no longer only a click away. A little more effort provides time for you to think if this is really what you want to do. Do you really want to abandon your goal right now? Probably not.

There have been all sorts of tools and "apps" designed to help people regulate their Internet use more. Common current examples include tools that lock you out of your email or record what applications you are using and for how long. These may be helpful to you, but techniques and technologies can never be a substitute for a commitment to change.

I think it is appropriate to end this final chapter where I began our consideration of why we procrastinate—"giving in to feel good". Giving in to feel good is a big piece of the procrastination puzzle, and the Internet provides lots and lots of short-term, but specious, rewards to which we can give in to feel good.

With a click or two we can leave the task that we feel bad about and seek immediate mood repair. If you understand that this is what you are doing, you are truly on the road to change.

That does not mean that this is easy, and I turn now to some thoughts about the road ahead. It is a journey that is often described as "two steps forward, one step back".

Concluding Thoughts

On the Road of Self-Change

[Self-change is a journey I take daily, and I will persevere patiently as I take two steps forward and one step back.]

MARIANNA IS DISCOURAGED. Yesterday went so well. She started her work exactly when she intended to and she stayed on task. It felt great. She made significant progress on her thesis. Today she feels like her old self. She doesn't want to do anything. She's already wasted the morning filing email (most of which she knows she'll never look at again) and texting friends. Feeling low on energy, she's thinking of having a nap after lunch. Deep down she knows she's just avoiding her work, again.

Issue

Even though the purpose of the digest format of this book is to make it a quick read, there are no quick fixes. Our old bad habits, like procrastination, are hard to change and new habits are difficult to establish. We have to put in a great deal of conscious effort before our new behaviors become routine, unconscious patterns in our lives. Sometimes we never completely establish a new habit, and we have to put in conscious effort daily to maintain our focus where we choose.

The key thing is to be strategic. By being strategic, by making predecisions as much as possible, we can keep from following the same old worn path, the path that we know best as procrastination.

As you have learned, there are many aspects of being human that contribute to our self-regulation failure. For example, we:

- like to feel good now,
- are prone to discount future rewards,
- are overly optimistic and biased in our planning,
- dislike dissonance and will resolve it by making excuses,
- have a limited amount of willpower,
- can be disorganized, undisciplined, and overly self-conscious,
- can be prone to distractions, and
- can have irrational beliefs about our expectations of ourselves.

Each of these things can create problems for us in our goal pursuit and contribute to our procrastination. And even this partial list of factors contributing to procrastination reveals some important truths worth remembering when you feel like Marianna does in the scenario above.

First, each of us will have a different constellation of factors that is our recipe for procrastination. As you read this book, I am sure that some topics and issues spoke more directly to you than other. These are the issues that you need to address in your efforts for self-change. These are the issues you can address beginning right now.

Second, we cannot change everything at once. My emphasis has been on being strategic. You need to be strategic in your approach to self-change as well. Pick one or two issues that you recognize are problems for you. Review the chapter on these issues, if necessary, and focus on those strategies first. You can build from there.

Third, this self-change process is uneven. We truly do feel like one day we leap ahead and the next day we fall back. Although we have to be committed to change and firm in our efforts to be strategic, we also have to be kind to ourselves during this challenging process. We all face setbacks, disappointing moments, and frustrations with our apparent lack of progress. Your attitude towards these setbacks and yourself will be extremely important to your continued progress. Be kind but firm with yourself, and be willing to forgive yourself when you do not live up to your own expectations.

One of our recent studies was about this issue of self-forgiveness and procrastination. It has important implications for each of us as we take the self-change journey. What we found was that self-forgiveness for procrastination was related to less procrastination in the future. Specifically, when students in our study had procrastinated quite a bit on their preparation for an exam, if they self-forgave for this procrastination, they were less likely to procrastinate on their preparation for the subsequent exam.

This finding reflects the power of forgiveness to move us from an avoidance motivation to an approach motivation. If, for example, you had a transgression (e.g., fight or broken promise) with a friend, and you or your friend had not offered forgiveness, you would likely avoid that friend. In the case of procrastination, the transgression is against the self, and we end up avoiding the task associated with that transgression. What forgiveness does in both cases is to remove the avoidance motivation so that friendship can be reestablished or engagement with the task can happen again, respectively.

On our self-change journey, we have to be prepared to forgive ourselves for our transgressions so that we are willing to try again. We will certainly have to try again many times. As I said before, even my simple strategy of just get started may have to be invoked many times throughout the day. Start and re-start.

Success will be found in this effort. It is worth the effort, as was your time in considering why it is we that procrastinate. I hope reading this book is your first step in this journey of self-change.

I would love to hear about your own journey. What worked? What didn't? What else would you like to know? Although I cannot promise to answer every email, your input will make a difference to future writing. I invite you to write to me at tpychl@procrastination.ca.

Finally, you may want to learn more about procrastination. This digest-format book, while accurate and firmly based on research in the area, is by necessity short on details. If you want to learn more, you can find lots more through our research group Web site: procrastination.ca.

This Web site provides access to many relevant resources, not just our own scholarly publications. Perhaps some of the most accessible information is available through my "Don't Delay" blog for *Psychology Today* and through my iProcrastinate Podcasts. The blog entries and podcast episodes summarize a wide variety of information about procrastination in much greater detail. In fact, you can search through the blog entries or the podcast titles on iTunes to find information specific to the issues with which you may be struggling.

I must say that I make this reference to further reading with some reservation. There is no end to reading about a topic, and the problem with procrastination, as you have learned, is that we can always find an excuse not to do our work. In this case, it is really quite possible to use your further reading and research about procrastination to procrastinate more! Ironically, this is something that readers of my blog and listeners of my podcast have told me that they do.

So, instead of reading more, I would have you return to where I began the book to remind you that reducing procrastination in our lives is a practical thing—sensible, realistic, no-nonsense. In addition, I want to add that change is about doing, not just reading. If you put these both together, you will see that the practical (and no-nonsense) thing is to start doing, not to read more.

You probably took an interest in this book because you want to reduce procrastination in your life. You now know a great deal more about the topic. You are prepared to bolster what feels like a depleted willpower. You are aware that it is tempting to give in to feel good, so you won't right now. And you know that every journey begins with that important first step.

It is time to *just get started*. I know that this will make a difference in your life.

ACKNOWLEDGEMENTS

This book began to take shape from a collection of blog postings for *Psychology Today*. In fact, it was in writing my "Don't Delay" blog that I discovered how much I enjoyed writing to communicate ideas outside of formal scholarly journal articles. I discovered that instead of "writing to earn" in my "publish or perish" academy, I was "writing to learn" and learning to write in a whole new way. Given this beginning to the book, I want to preface my acknowledgements by giving special thanks to Lybi Ma (deputy editor of *Psychology Today* and author), who invited me to be part of the *Psychology Today* bloggers in 2008 and who has nurtured my sense of self as a writer. As well, I want to thank Hara Estroff Marano (editor at Large, *Psychology Today* and author) who, like Lybi, has always been encouraging and supportive. They are part of a truly wonderful team of people.

Writing is not a solitary activity, even though we may struggle with concepts and the words to express these ideas in our own "dark night of the soul" at times. Writing is a very social act, from the inception of ideas through to revising a final manuscript. So, I have quite a few people I want to thank for helping me with my writing. Of course, as my father always told me, you can delegate the activity but not the responsibility; you can share the praise but not the blame. This means that any of the shortcomings in my writing are my own. The things that you like best about this book are most probably due to the kind input of these others who deserve my words of appreciation.

As a scholar, I have drawn on a wide body of research in my writing. Yet, unlike my scholarly publications, I have not cited this work in an academic fashion, so I want to give credit to some key individuals who have developed ideas that I have distilled in this book. In terms of the procrastination research literature specifically, my colleagues Drs. Joseph Ferrari (DePaul University, Chicago), Clarry Lay (retired, York University, Toronto), Henri Schouwenburg (retired, University of Groningen, The Netherlands), and Fuschia Sirois (Bishops University, Sherbrooke, Quebec) have provided the foundation of ideas about how best to understand procrastination. If I was not drawing on their work directly in my writing, I was speaking to some of my own research that was built on their work. I am grateful to have all of them as colleagues and friends.

In addition to the procrastination research, I drew on numerous other studies that have helped me to understand the nature of self-regulation failure, how we can structure our intentions to more successfully meet our goals, as well as aspects of our personality such as perfectionism that can undermine our goal pursuit. Although it is not possible to list everyone, I do want to note the enormous contributions made by, respectively, Drs. Roy Baumeister and Diane Tice (and their students at Florida State University), Brian Little (retired, Carleton University, Ottawa), Peter Gollwitzer (and his students at New York University), and Gordon Flett (York University, Toronto). I have learned a great deal from each of these scholars, and their work provided a framework for both understanding self-regulatory failure and strategies to more effectively exercise self-control to break unconscious habits and patterns of behavior.

It is easy to see how these esteemed and accomplished scholars have contributed to my own thinking and research. Not so obvious, but just as important, has been the contribution of my students to my research and writing. My research is driven by my students, as research at the graduate level in particular is a means to teaching and learning. I want to thank all of my students who have participated in procrastination research with me since 1995 as part of the *Procrastination Research Group*, and I particularly want to identify the important contributions made by Shannon Bennett, Kelly Binder, Allan Blunt, Matthew Dann, Mohsen Haghbin, Eric Heward, Jennifer Lavoie, Adam McCaffrey, Rick Morin, Brian Salmon, Matthew Shanahan, Kyle Simpson, and Rachelle Thibodeau. Each of these students has taken his or her own research past the thesis requirements and into the scholarly literature more formally.

Moving from research results to communicable ideas for others to read is a craft unto itself. I am grateful for the help of my wife, Beth, who, as a nonpsychologist, is willing to ask me to clarify my ideas or my words. It takes courage for her to persist at times,

I fear, because it is easy for me to become defensive about my writing. I know her thoughtful comments always make my thinking and writing clearer. In addition, my friend, Jeannie Bacon, who was willing to test the strength of friendship by providing her expertise to the editing of my book, has made an important difference in my writing. Jeannie, a writer with both graduate work in English and professional experience in technical writing, helped me to be more coherent and consistent with my prose. Where you still might find problems with my writing are places where I failed to heed her helpful advice.

The comics in the book, which provide a different perspective on the concepts discussed as well as a little laughter at our all-too-human tendency to "put it off until tomorrow", are due to the talents of my friend Paul Mason. I met Paul when he was a boy and I was living one of my other lives as a canoe outfitter for *Trailhead* in Ottawa. Along with his father, Bill, and his sister, Becky, Paul has developed an international reputation for canoeing and art. I was delighted when he agreed to collaborate with me on a comic series. When a particular comic makes you laugh, you can be sure it was Paul's creative insight that captured the concept so well.

Each of the people I have identified, plus many others whom I hope I have not offended by omitting them in my words of thanks, have made readily apparent contributions to my research and writing. My final words of thanks are to those whose contributions are more obscure in terms of the writing of this book, yet deeply important to me personally. They make life joyful, provide room for my writing and bring balance to my life.

My children, Laurel and Alex, along with my wonderful wife, Beth, bring love and laughter to my life. I work hard not to procrastinate on the more mundane tasks in my day simply to be sure that there is time for them! My dog team keeps me firmly grounded and in the great outdoors enough to keep me healthy and happy. Finally, my father, Walter Pychyl, is never far from my thoughts and I draw on his wisdom, love, and support to build a life. Ironically, one of my dad's most often-used expressions is, "we'll see what happens" as he waits another day to act. I usually laugh and say to him, "No wonder I study procrastination!" Yet, within his words is a great deal of wisdom. Sometimes delay may truly be wise and the best course of action. Knowing the difference between procrastination and other forms of delay is a very good place to start. You'll find some of the reasons why beginning in Chapter 1.